BEATRIX BRAUKMÜLLER
Berufsanalyse mit dem Horoskop

Aspekte der Astrologie

BEATRIX BRAUKMÜLLER

Berufsanalyse mit dem Horoskop

Vom richtigen Beruf zur wahren Berufung

3. Auflage 2009

Druck: AZ Druck und Datentechnik GmbH, Kempten

Zu beziehen über:
Chiron Verlag, Postfach 1250, 72070 Tübingen, Germany

ISBN 978-3-925100-49-9

Inhaltsverzeichnis

Mein besonderer Dank gilt Marianne Calderara – Schweizer Astrologin und Thomas-Ring-Schülerin – von der ich sehr viel gelernt habe, die mir mit Rat und Tat zur Seite stand, mich stets mit ihrer jupiterhaften Art unterstützt, gefördert und immer wieder motiviert hat.

Beruf und Berufung im Horoskop

Wie finden wir den richtigen Beruf? Wie erkennen wir unsere wahre Berufung? Es ist nicht immer leicht, den passenden Beruf zu finden, denn es treten oftmals Schwierigkeiten bei der Berufswahl auf, die einerseits durch die wirtschaftliche Situation bedingt sein können und andererseits aus den Schwankungen zwischen dem Berufswunsch und den wahren Anlagen und Fähigkeiten resultieren.

Aber woher sollen Schüler und Abiturienten ihre wahren Anlagen kennen? In der Schule kristallisieren sich in den verschiedenen Unterrichtsfächern zwar gewisse Fähigkeiten und Neigungen heraus: So ist der eine begabter auf dem Gebiet der Naturwissenschaften, der andere in Sprachen oder in musischen Fächern und ein dritter bei manuellen bzw. handwerklichen Arbeiten. Aber kann oder sollte das die Grundlage für einen späteren Beruf sein, den man jahrzehntelang ausübt, und bei dem die Tätigkeit auch Freude macht?

Möglicherweise ergreift man einen Beruf, der nicht den eigenen Fähigkeiten und Neigungen entspricht, weil man sich aufgrund von fehlenden Ausbildungsplätzen oder eines zu hohen Numerus Clausus in der Jugend seinen Berufswunsch nicht erfüllen kann, aber bestrebt ist, einen akzeptablen Kompromiss zu finden.

Oftmals wird der Beruf als eine Tätigkeit verstanden, mit der wir unseren Lebensunterhalt verdienen. So kann auch die Tendenz bestehen, sich aus rein materiellen Gründen für einen „Beruf mit Zukunft" zu entscheiden, in dem man in erster Linie viel Geld verdient.

Wie können wir am besten herausfinden, zu welchem Beruf wir uns wirklich eignen oder berufen fühlen, und in welcher Hinsicht wir Kompromisse eingehen sollten?

Unsere wahre Berufung stellt sich meistens erst in späteren Lebensjahren heraus, wenn wir Erfahrungen gesammelt haben und etwas reifer und gefestigter geworden sind. Unsere Berufung steht immer im Zusammenhang mit unserer Selbstverwirklichung, unseren wahren Lebenszielen, die über das Materielle hinausgehen (sollten). Sie entspricht unseren wahren Anlagen und Begabungen. Berufung setzt daher mehr als einen normalen Lehrberuf oder ein Studium voraus. Mit ihr sind besondere Fähigkeiten verbunden, die unseren tiefsten seelischen Bedürfnissen entspringen. Unsere Berufung kann oftmals auch mit einer sozialen, humanitären, künstlerischen, religiösen oder manuellen Tätigkeit verbunden sein.

Wie unterscheiden wir Beruf und Berufung anhand der Konstellationen im Geburtshoroskop?

Ein Horoskop weist meistens verschiedene Anlagen und Fähigkeiten auf, die den Horoskop-Eigner (HE) nicht nur für einen bestimmten Beruf prädestinieren.

Ich möchte anhand der folgenden Beispiele einige Hinweise auf das Vorgehen bei der Berufsanalyse geben, die ich in sieben Schritte gegliedert habe.

In sieben Schritten zur Berufsanalyse

Es ist immer notwendig, das gesamte Horoskop bei der Berufsanalyse mit einzubeziehen und zunächst folgende Fragen zu klären:

1. Welche allgemeinen Anlagen bringt der Horoskopeigner mit?
2. Welches Lernverhalten zeigt er? Wie verarbeitet der Horoskopeigner Informationen?
3. Welche Einstellung hat er zur Arbeit und zum Geldverdienen?
4. Wie geht er mit Menschen um?
5. Wie „verkauft" er sich?
6. Wie steht es mit seiner Fähigkeit, Autoritäten anzuerkennen, Autorität zu entwickeln, bzw. auszuüben?
7. Kann er besser selbständig oder im Team arbeiten?

Schritt 1: Besetzung der Hemisphären

Starke Besetzung der östlichen (linken) Hälfte
(Haus 10-3; MC-IC)

- Neigung zu verantwortungsvollem, eigenständigem Handeln und einer
- eher selbständigen Tätigkeit.

Starke Besetzung der westlichen (rechten) Hälfte,
(Haus 4-9; IC-MC)

- Neigung zu kooperativer Tätigkeit mit Anpassungsbereitschaft und
- Teamgeist.

Starke Besetzung der (oberen) Taghälfte (Haus 7-12; DC-AC)

- Extravertierte Persönlichkeit, braucht Kontakt zu anderen Menschen,
- orientiert sich mehr an äußeren Einflüssen
- (Ausnahme: Betonung des 12. Hauses)

Starke Besetzung der (unteren) Nachthälfte (Haus 1-6; AC-DC)

- Introvertierte Persönlichkeit, beschäftigt sich lieber im engeren Rahmen mit persönlichen Interessen
- (Ausnahme: Betonung des 1. und 5. Hauses)

Schritt 2: Die Planetenverteilung in den Elementen

Die Elemente geben Aufschluss über das Temperament des Horoskopeigners.

Betonung der Feuerzeichen

- Aktives Handeln steht im Vordergrund.
- Der HE kann begeisterungsfähig, temperamentvoll und unternehmungslustig sein. Mit Ehrgeiz und Energie setzt er seine Pläne in die Tat um und strebt eine Führungsposition an.

Betonung der Erdzeichen

- Praktische Interessen überwiegen.
- Der HE ist bodenständig, praktisch veranlagt und lässt sich nicht so leicht aus der Ruhe bringen. Er steuert seine Ziele methodisch, systematisch und ausdauernd an, wobei er Geschick in finanziellen Angelegenheiten beweist.

Betonung der Luftzeichen

- Der Schwerpunkt liegt vorwiegend im Bereich der geistigen Interessen.
- Der HE ist aufgeschlossen, wissbegierig und flexibel. Er braucht eine fundierte Ausbildung, um seine intel-

lektuellen Ziele erreichen zu können, wobei sich ein starkes Bedürfnis nach Kommunikation bemerkbar macht.

Betonung der Wasserzeichen

- Seelische Interessen stehen im Vordergrund.
- Bei dem HE sind Gefühl und Phantasie sehr gut entwickelt. Unterbewusstsein und Intuition spielen eine wichtige Rolle bei der Verwirklichung seiner Ziele.

Betonung der Polaritäten

- Die Polaritäten werden in Plus (Feuer + Luft) und Minus (Erde + Wasser), in aktive und passive, oder in männliche und weibliche Zeichen eingeteilt.

Starke Besetzung der Zeichen mit Pluspolarität (Feuer + Luft)

- Der HE ergreift gern die Initiative und nimmt alles selbst in die Hand. Er ist aktiv und unternehmungslustig.

Starke Besetzung der Zeichen mit Minuspolarität (Erde + Wasser)

- Der HE verhält sich eher abwartend und lässt Dinge auf sich zukommen. Er kann geduldig und flexibel sein, denn er neigt dazu, zu reagieren und weniger zu agieren. Dadurch zieht er manchmal Dinge an, hinter denen andere herlaufen. Er kann alles das akzeptieren, worüber sich andere aufregen.

Schritt 3: Die Planetenverteilung in den Qualitäten

Kardinal: große Aktivität und Aktionsbereitschaft; der HE kann aber auch übers Ziel hinausschießen. Neigung zu führenden, unternehmenden Berufen.

Fix: Ausdauer und Stabilität; der HE kann etwas schwerfällig sein. Neigung zu bewährten, routinierten Berufen.

Beweglich: große Flexibilität und Anpassungsfähigkeit; der HE dürfte jedoch auch Entscheidungsschwierigkeiten haben. Neigung zu intellektuellen, abwechslungsreichen Berufen.

Schritt 4: Die Planeten in den Berufshäusern 2-6-10 und ihre Herrscher.

2. Haus: materielle Sicherheit

- Wie verdient der HE sein Geld?
- Wie trägt er zur Sicherung seines Lebensunterhalts bei?
- Wie geht er mit Besitz und Eigentum um?
- Was braucht er, um sein Selbstwertgefühl zu stärken und Selbstbestätigung zu bekommen?

6. Haus: Arbeit und Gesundheit

- Welche Art der Tätigkeit ist für den HE sinnvoll?
- Wie trägt er zur Pflege seiner Gesundheit bei?
- Wie geht er mit der Erfüllung seiner alltäglichen Pflichten um?
- Welches Verhältnis hat er zu Kollegen und Angestellten?

10. Haus (MC): Beruf(ung), Ansehen und Stellung in der Gesellschaft

- Welche Pflichten hat der HE gegenüber der Gesellschaft zu erfüllen?
- Wie ist sein Verhältnis zu Autoritätspersonen und Vorgesetzten,
- bzw. zu Behörden?
- Wie ausgeprägt ist seine Fähigkeit, Autorität zu entwickeln?
- Besitzt er Führungsqualitäten?

- Welches sind seine wahren Lebensziele, seine Berufung, seine schicksalhafte Bestimmung?

Übersicht über die Bedeutung der Häuser

Die Häuser 2, 6 und 10 gelten zwar als die klassischen Berufshäuser, wir müssen jedoch bei der Berufsanalyse auch alle anderen Häuser berücksichtigen, da auch die nicht materiellen Häuser Aufschluss über unsere Fähigkeiten geben. Bei starker Besetzung der 12 Häuser, insbesondere mit persönlichen Planeten, gelten folgende Anhaltspunkte, wobei das Zeichen, in dem sich die Planeten befinden, starken Einfluss auf die Planetenenergien hat.

1. Haus: „Wie verkaufe ich mich?“ Auftreten in der Öffentlichkeit, Beziehung zur Umwelt, äußere Erscheinung, Auftreten und Haltung. Der Horoskopeigner braucht einen Beruf, bei dem er sich als Person, bzw. sein Ego einbringen kann.

2. Haus: Art des Erwerbs. Das Verhältnis zu materiellen und finanziellen Mitteln, Art des Geldverdienens und der Existenzsicherung, Selbstwertgefühl und Selbstbewusstsein, persönliche Werte (Rücklagen), Besitz, Nahrungsaufnahme.

3. Haus: Vermittlung und Kommunikation. Aneignen von Wissen in Schule und Ausbildung, Lernverhalten, Kurse und Vorträge, Verträge, (Telefon-)Marketing, Handel und Verkehr, Werbung, Verkauf, Kommunikationsmedien, Verlagswesen, Rundfunk, Fernsehen,Verfassen von Büchern und Zeitschriften, Reden und Artikeln.

4. Haus: Arbeit zu Hause, im Familienbetrieb oder eigener Firma. Einstellung zu Herkunft, Familie, Heimat, unbewusste Gefühlsmuster; Umgang mit Nahrungsmitteln und Haushaltswaren, wahres Vermögen, geerbter (Grund-)Besitz, Immobilien, Ländereien, Bergbau, Geologie, ein eigenes Geschäft (Firma) besitzen.

5. Haus: Kreativität, Selbstdarstellung und Pädagogik. Einstellung zu Kindern, Erziehung und Unterricht, Geselligkeit, Vergnügen, Sport, Spiel, Spaß, Spekulationen, Glücksspiel, Börsengeschäfte, Gewinne.

6. Haus: Arbeit als Angestellte/r, Art der Arbeit. Einstellung zu Arbeit und Kollegen, bzw. zu Untergebenen, Erhaltung der Arbeitskraft, Leistungsfähigkeit, Dienstleistungen, Aneignung von praktischen Fähigkeiten und speziellem Fachwissen, alternative Heilmethoden, Hygiene, Gymnastik, Nahrungszubereitung, Handwerk, Werkzeuge, Instrumente, Geräte, neue Arbeitsmethoden.

7. Haus: Teilhaberschaft. Private und geschäftliche Kontakte, Verbindungen, Partner, Handelspartner, gegenseitige Abhängigkeit, Wettbewerb, Öffentlichkeitsarbeit (Public Relations), offene Gegner und Prozesse.

8. Haus: Arbeit im Team, in der Gemeinschaft. Gemeinsame Finanzen und deren Verwaltung, Steuern, Erbschaften, Versicherungen, Stiftungen, Geschäftszusammenlegungen, Körperschaften und Parteien, Bankwesen, Banken, Hypotheken, Pfandbriefe, Darlehen. Interesse für Grenzfragen, Okkultismus, Parapsychologie, Atomphysik.

9. Haus: Wunsch nach Lehrtätigkeit. Geistige Ideale, Horizonterweiterung durch Weiterbildung und Reisen, Religion, Philosophie, Rechtswissenschaften, Geographie und Geschichte, Mythologie; Sinn für technische, wirtschaftliche und kulturelle Entwicklungen, Welthandel, ausländische Geschäftsbeziehungen; (Lehr-)Tätigkeit an Universitäten oder anderen öffentlichen Einrichtungen bzw. Bildungsstätten, Erwachsenenbildung.

10. Haus: Tätigkeit in der Öffentlichkeit. Berufliche und gesellschaftliche Stellung, Ansehen, Ruf in der Öffentlichkeit, Lebensziele, Berufung, Ehrgeiz, Aufstieg, Karriere, Anerkennung, Amt und Würden; Management, Geschäftsführung, Verwaltung, leitende Position, Führungsqualitäten.

11. Haus: Gruppenarbeit. Schöpferischer Selbstausdruck in der Gruppe, Gemeinschaft, Zusammenschluss von Interessengemeinschaften, Vereinigungen wie Clubs, Vereine, Bürgerinitiativen, Zweckbeziehungen, Logen, Bruderschaften, Cliquen- oder Vetternwirtschaft, Protektion; Selbstverwirklichung auf einer höheren geistigen und sozialen Ebene; Zeitgeist, Wünsche und Hoffnungen, Freunde und Bekannte.

12. Haus: Arbeit im Hintergrund. Unterbewusstsein, Anonymität, Isolation, Rückzug, Wohltätigkeit, gute Taten; Institutionen wie Krankenhäuser, Heime, Klöster, Gefängnisse, Anstalten, Internate; große Firmen, in denen die Anonymität gewahrt bleibt; Geheimdienste, illegale Verbände; geheime Feinde, konspirative Einrichtungen, Gerüchte, Intrigen.

Die Häusersysteme nach Placidus und Koch: Bei der Berufswie auch bei der Horoskopanalyse berücksichtige ich die Häusersysteme nach Placidus und Koch, wobei letzteres als GOH (Geburtsorthäusersystem) bezeichnet wird. Oftmals stimmen diese Systeme überein, häufig treten aber auch Abweichungen bei den Zwischenhäusern auf. Deshalb ist die Verschiebung der Planeten in den Häusern besonders zu beachten, da die Planetenkräfte in beiden Bereichen zum Ausdruck kommen können. Befindet sich ein Planet kurz vor einer Häuserspitze, deute ich ihn schon ins nächste Haus.

Hinweis: Bei den Horoskopabbildungen habe ich mich für das GOH entschieden. Bei der Berufsanalyse sind beide Häusersysteme berücksichtigt worden.

Schritt 5: Der Aszendent (AC), sein Herrscher und seine Aspekte

- Äußeres Erscheinungsbild und Auftreten des HE in der Öffentlichkeit.
- Wie präsentiert, „verkauft“ sich der HE seinen Mitmenschen?
- Welche Rolle spielt der HE?
- Wie reagiert er auf seine Umgebung?

Der Herrscher des AC gibt einen Hinweis darauf, wie sich der HE in welchen Bereichen und auf welche Weise darstellen möchte.

Schritt 6: Die Planeten – ihre Bedeutung in Zeichen und Häusern und ihre Konstellationen

Sonne: Welches zentrale Thema hat der HE? Wo findet er seine Lebensaufgabe? Wie und wo zeigt sich seine individuelle und kreative Seite?

Mond: Was braucht der HE für seine seelische Erfüllung und seine innere Zufriedenheit?

Merkur: Welche geistige Einstellung macht sich bei dem HE bemerkbar? Wie zeigt sich sein Denken und sein Lernverhalten? Welche geistigen Anlagen und Interessen hat er? Mit welchen Themen beschäftigt er sich am liebsten? Worüber denkt er nach – worüber spricht (unterhält) er (sich) gern?

Venus: Was erfahren wir über die Anlagen des Horoskopeigners in Bezug auf musisches und künstlerisches, ästhetisches und soziales Empfinden?

Mars: In welchen Bereichen setzt der HE seine Energien ein? Wo wird er aktiv, und wo engagiert er sich?

Jupiter: Wo kann sich der HE entfalten und expandieren? In welchem Bereich liegt seine Sinnfindung?

Saturn: Wo hat der Horoskopeigner Verantwortung zu tragen und seine Pflicht zu erfüllen? Wo werden ihm Grenzen gesetzt? Wo sind Ängste vorhanden?

Uranus: Wo zeigt sich das Bedürfnis nach Abwechslung, wo kommen Intuition, Originalität, plötzliche Ideen und Ungeduld zum Ausdruck?

Neptun: In welchen Bereichen sind Inspiration/Instinkt, Eingebungen, Einfühlungsvermögen und Phantasie angezeigt?

Pluto: Wo kommen Durchsetzung und Kontrollverhalten, Macht und Ohnmacht zum Ausdruck?

Die Aspekte zeigen an, wie die Planetenkräfte aktiviert werden. Die Häuser zeigen an, in welchen Bereichen die Planetenkräfte zum Ausdruck und Einsatz kommen. Die Zeichen geben Hinweise auf die Färbung, bzw. auf die Eigenschaften der Planetenkräfte.

Schritt 7: Die Mondknotenachse

Die Mondknotenachse – auch Verbindungsachse genannt – kann zusätzlich Aufschluss über unsere Entwicklung geben. Über sie können wir erfahren: „Wo kommen wir her?“ (absteigender Mondknoten) – d.h. mit welchen Eigenschaften sind wir vertraut – und wo müssen wir uns hinentwickeln (aufsteigender Mondknoten)? Was sollen wir in unserer derzeitigen Inkarnationen lernen?

Aus karmischer Sicht dürfte unsere Entwicklung zum aufsteigenden Mondknoten gehen. Auf dem Weg dorthin sollten wir das alte gesammelte Wissen und unsere Erfahrungen mit einbeziehen.

Die Mondknotenachse sagt auch etwas über unser Verhältnis zu den gesellschaftlichen Strömungen aus. Deshalb sollten wir bei der Berufsanalyse zur Kenntnis nehmen, wie die Mondknoten aspektiert sind. Sie können von besonderer Bedeutung sein, wenn Planeten-Konjunktionen mit dem auf- oder absteigenden Mondknoten bestehen.

Solare und Transite beachten!

Bei der Berufsberatung sollten immer die aktuellen Transite und Solare berücksichtigt werden, um die anstehende Entwicklung des Horoskopeigners zu erkennen.

In diesem Buch kann ich auf deren Deutung jedoch leider nicht näher eingehen.

Die Aspekte zu den kardinalen Achsen

Stehen die kardinalen Achsen MC und AC im Quadrat zueinander, was von den Koordinaten des jeweiligen Geburtsortes abhängig ist, (z.B. Jungfrau-AC und Zwillinge-MC in unseren Breiten), dann besteht die Möglichkeit, nicht bei dem erlernten Beruf zu bleiben. Möglicherweise entscheidet man sich anschließend für ein Studium, oder man wählt einen völlig anderen Beruf. Diese Neigung wird durch Planetenkonjunktionen verstärkt, die das Quadrat auf die Achsen auslösen.

Falls man doch bei dem gewählten Beruf bleibt, dürfte sich immer wieder eine große Unzufriedenheit bemerkbar machen, oder man fühlt sich am falschen Platz, bzw. zu Höherem geboren. Hier stehen Lebensziel und äußere Anlagen im Widerspruch zueinander.

Planeten, die eine Achsenbindung zum MC haben, wirken sich immer direkt auf den Beruf aus.

Berufsanalyse

Bei den ersten beiden Horoskopen werde ich ein systematisches und detailliertes Vorgehen nach diesen sieben Schritten vorstellen. Bei den folgenden Beispielen wird sich jedoch deutlich zeigen, dass man sich nicht immer akribisch an diese Reihenfolge halten kann.

Es handelt sich um zwei Personen, eine weibliche und eine männliche, die beide am selben Tag, im selben Jahr, jedoch an unterschiedlichen Orten und zu verschiedenen Zeiten geboren wurden.

Verena: Pädagogin – Programmiererin

Schritt 1: In diesem Horoskop sind die Planeten auf der Tag- und Nachthälfte sowie auf der linken und rechten Hälfte gleichmäßig verteilt, was zeigt, dass Verena sowohl selbständig als auch im Team arbeiten kann, dass sie anpassungsfähig und verantwortungsbewusst sein dürfte.

Schritt 2-3: Die meisten Planeten stehen in Feuerzeichen mit Betonung der Pluspolarität und der kardinalen Zeichen, wobei wir nicht übersehen dürfen, dass sich Sonne, AC und MC in Erdzeichen und Mars im Wasserzeichen Fische befinden. Es handelt sich zwar um eine aktive, unternehmungslustige Persönlichkeit, bei der persönliche Interessen im Vordergrund stehen, die aber nicht mehr als notwendig für deren Verwirklichung tun würde.

Schritt 4: Sehen wir uns jetzt die klassischen Berufshäuser 2, 6 und 10 an: Das 2. Haus ist nicht besetzt. Die Spitze fällt ins Zeichen Zwillinge (Kommunikation). Merkur als Herrscher dieses Zeichens steht im 12. Haus Widder in Konjunktion mit dem Mond, was auf einen aktiven Geist, gutes Urteilsvermögen und gesunden Menschenverstand schließen lässt, wobei Verena gefühlsmäßig stark ansprechbar ist. In Bezug auf das 2. Haus heißt das zuerst einmal, Verena dürfte ihren Lebensunterhalt mit einer geistigen, intuitiven oder kommunikativen Tätigkeit verdienen, wobei sie auch Wert auf eine gute Ausbildung legt.

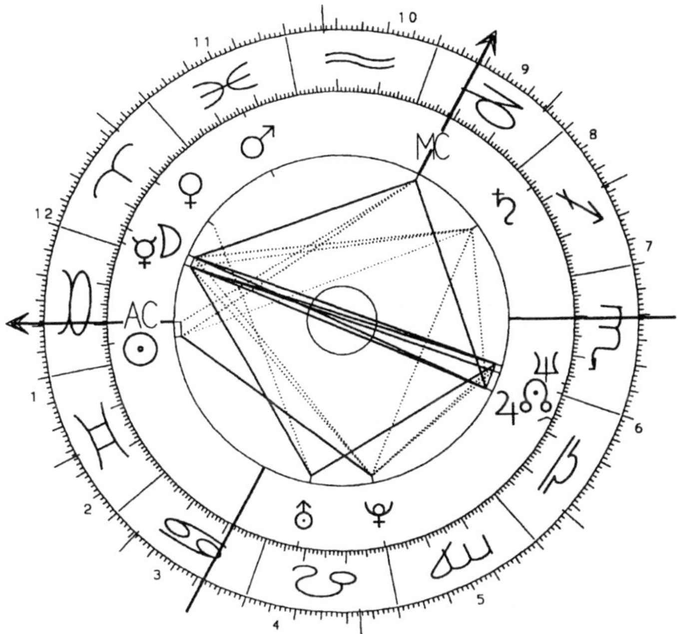

Die Merkur/Mond-Konjunktion bildet ein geschlossenes Trigon mit Saturn im 8. Haus Schütze und Pluto im 5. Haus Löwe: Zum gesunden Menschenverstand gesellen sich logisches, systematisches Denken und Kombinationsgabe, ein gutes Gedächtnis und naturwissenschaftliches Verständnis, Realitätssinn und Praxisbezogenheit (Merkur Trigon Saturn). Merkur Trigon Pluto fördert Überzeugungskraft und rhetorische Fähigkeiten, Forscherdrang, pädagogische und psychologische Fähigkeiten, da Verena den Dingen auf den Grund gehen und jede Art von Geheimnissen aufdecken möchte. Deshalb dürfte sie guten Zugang zu den unbewussten Motivationen anderer Menschen haben.

Merkur bildet aber auch eine Opposition zu Jupiter, Neptun und dem Mondknoten im 6. Haus Skorpion. Schnelle Auffassungsgabe und zukunftsorientiertes Denken könnten Verena dazu verleiten, Projekte zu großzügig zu planen und dabei Details zu übersehen oder voreilige Schlüsse zu ziehen. Sie dürfte jedoch in der Lage sein, andere von den Vorteilen ihrer Ideen zu überzeugen, um deren Unterstützung zu gewinnen. Doch die Opposition von Jupiter und Merkur/Mond lässt vermuten, dass sich Verena dabei mitunter selbst im Wege steht, unsicher und zu wohlwollend ist. Merkur Opposition Neptun zeigt an, dass sie bei Überlastung zu Zerstreutheit neigen könnte, weil ihr logisches Denkvermögen nicht in Einklang mit ihren Idealen stehen dürfte. Hier muss ein Kompromiss zwischen Idealismus und Realitätssinn gefunden werden, indem Verena konkreter und realistischer in Bezug auf ihre Ziele wird. Dieser Aspekt wird jedoch durch Mond-Merkur Trigon Saturn und Saturn Sextil Jupiter in konstruktive Bahnen gelenkt.

Kommen wir zum 6. Haus: Mit Neptun Konjunktion Mondknoten im 6. Haus Skorpion besitzt Verena die Gabe, den Trend der sozialen Strömungen intuitiv zu erfassen und die Neigung, diese beeinflussen oder verändern zu wollen. Hier ist der Hinweis auf eine geistige Tätigkeit und das Verständnis für zweckmäßige Arbeitsmethoden gegeben, wobei sich Verena keine Illusionen über ihre Arbeit machen darf und aus den Schwierigkeiten, die in Verbindung mit Arbeit und Gesundheit auftreten, lernen sollte. Das dürfte ihr bei der spannungsreichen Aspektierung schwer fallen, denn es besteht ein Konflikt zwischen Anpassung und eigenem Wollen, was zur Folge haben könnte, dass sich Verena oftmals mit unbefriedigenden Arbeitsverhältnissen oder Intrigen konfrontiert sieht. Mit dieser Konstellation hat Verena die Aufgabe, ihre alltäglichen Pflichten realistisch zu sehen und sie zu akzeptieren, statt sich Illusionen und Wunschträumen hinzugeben (absteigender Mondknoten im 12. Haus). Mit aufsteigendem Mondknoten Konjunktion Neptun dürfte es ihr schwer fallen, Ordnung und Struktur in Arbeit und Alltag zu bringen. Der Mondknoten im Skorpion fordert Verena auf, zu akzeptieren, dass eine Abhängigkeit von anderen – gerade im Bereich der Arbeit – nicht mit einem Ausgeliefertsein gleichzusetzen ist. Deshalb ist es auch nicht notwendig, Kontrolle über gemeinsame Finanzen oder Beziehungen auszuüben.

Es wäre sinnvoll, eine Tätigkeit zu wählen, bei der seelische und geistige Themen verknüpft werden können, um die eigenen Schwierigkeiten im Gefühlsleben und mit der Kommunikation aufzuarbeiten und sich zum aufsteigenden Mondknoten entwickeln zu können. In diesem Fall könnte sehr viel verborgenes Wissen vorhanden sein, das bewusst gemacht werden müsste, um die Aufgabe des aufsteigenden Mondknoten im 6. Haus Skorpion zu erfüllen: Eine einfühlsame, soziale oder therapeutische Tätigkeit mit Schwerpunkt Kommunikation wäre hier zu empfehlen.

Auch Jupiter im 6. Haus Waage weist auf Entfaltung, Expansion und Sinnfindung im Bereich der Arbeit und Gesundheit hin, die mit Dienstleistungen und Aufbauarbeit verbunden sein kann. Jupiter und Neptun im 6. Haus weisen beide auf eine sinnvolle Tätigkeit hin, die mit alternativen bzw. geistigen Heilmethoden, Homöopathie oder Therapien zu tun haben könnte. Jupiter steht an der Spitze des Drachens, einer besonderen Aspektfigur, die Erfolg im Leben verspricht. Er bildet ein Sextil zu Saturn, dem Herrscher des 9. und 10. Hauses: Verena kann ihre Pläne mit Hilfe organisatorischer Fähigkeiten und Optimismus in die Tat umsetzen. Sie ist pflichtbewusst, gewissenhaft und zuverlässig, wobei sie Weitblick zeigt und stets ein konkretes Ziel vor Augen haben dürfte.

Jupiter Sextil Pluto fördert hohe Ideale und Einsatz für langfristige Ziele sowie einen ausgeprägten Gerechtigkeitssinn, der zum eigenen Wohl und zu dem der Allgemeinheit eingesetzt werden kann, weil sie selbst auch zum Zuge kommen möchte (Widder-Betonung und Sonne im 1. Haus in Konjunktion mit dem AC), aber Schwierigkeiten hat, die Meinung anderer gelten zu lassen. Allerdings steht Jupiter auch im Quadrat zu der MC/IC-Achse, wodurch wieder Unzufriedenheit mit der Arbeit angezeigt ist. Verena könnte dazu neigen, höhere Erwartungen an ihre Tätigkeit zu stellen als realisierbar sind.

Betrachten wir jetzt die Venus als Regentin des 6. Hauses und des AC im 12. Haus Widder im Trigon zu Uranus, finden wir zunächst einen Hinweis auf die Liebe zur Arbeit in einer großen Firma oder in einer Institution, die ein ästhetisches und harmonisches Umfeld bietet, in dem die Arbeit Freude macht. Verena könnte sich mit elektronischen Medien beschäftigen, wobei diese Tätigkeit bevorzugt hinter den Kulissen oder zu Hause ausgeübt werden dürfte, da Venus im 12. und Uranus im 4. Haus steht.

Nun haben wir also sämtliche Hinweise auf die Art der Tätigkeit, die sehr vielfältig sein kann.

Betrachten wir das unbesetzte 10. Haus, dessen Spitze, das MC, in das Zeichen Steinbock fällt: Verena dürfte nicht so großen Wert auf öffentliche Anerkennung legen. Saturn als Herrscher vom MC befindet sich im 8. Haus Schütze in harmonischer Aspektierung. Hier sind großer Ehrgeiz und Interesse an höherer Bildung, Philosophie, Recht und Religion angezeigt, wobei moralisch-ethische Grundsätze, ein ausgeprägtes Gerechtigkeitsempfinden und geistiger Stolz eine Rolle spielen. Diese Anlagen kommen im 8. Haus zum Ausdruck. Verena hat das Bedürfnis nach emotionaler Sicherheit und möchte die Geheimnisse des Lebens erforschen, deren Zusammenhänge und Hintergründe analysieren und tiefgreifende Probleme konstruktiv lösen. Auch bei dieser Konstellation ist wieder der Hinweis auf eine helfende oder heilende Tätigkeit als wahre innere Berufung gegeben, die sich auch in Form von kultureller Weiterbildung oder Reisen äußern könnte, da Saturn ebenfalls Herrscher des 9. Hauses ist.

Verena kann ihr Ziel erreichen, wenn sie anderen gegenüber Verantwortung in Bezug auf gemeinsame Finanzen oder gemeinsame Interessen übernimmt und es vermeidet, Macht auf ihre Mitmenschen auszuüben, was durch das geschlossene Feuer-Trigon von Merkur-Saturn-Pluto deutlich wird.

Verena sollte sich ihren emotionalen Konflikten stellen, um anderen helfen zu können und ihr psychologisches Wissen sowie ihre spirituellen Interessen als Mittel zum Zweck nutzen, um inneren Frieden zu finden. Dazu wäre es notwendig, dass sie das Energiepotential des Pluto auf einer breiten körperlichen Ebene auslebt, indem sie sich in der Freizeit Bewegung, z.B. durch Sport oder Tanz verschafft.

Das Trigon von Saturn zu Pluto fördert ihre tiefen Einsichten in die Geheimnisse des Lebens. Willenskraft und die Fähigkeit, unermüdlich zu arbeiten, zeichnen Verena aus und befähigen sie zur Übernahme einer leitenden, verantwortungsvollen Position. Mit Pluto im 5. Haus dürfte Verena große schöpferische Kräfte besitzen, die in einer künstlerischen oder pädagogischen Tätigkeit zum Ausdruck kommen.

Saturn Trigon Mond-Merkur weist auf persönliche Würde und ein ausgeprägtes Pflichtgefühl hin, verbunden mit geistiger Disziplin, Konzentrationskraft, einem guten Gedächtnis und großer Ausdauer. Die Saturn-Konstellationen bestätigen eindeutig, dass Verena sowohl praktisch als auch theoretisch begabt ist und naturwissenschaftliches Verständnis hat.

Aber wir dürften die Quadrate von Mond (und Merkur) sowie von Jupiter auf die MC/IC-Achse nicht übersehen. Hierdurch werden sich bei Verena hin und wieder gefühlsmäßige Schwankungen, Unzufriedenheit oder zu hohe Erwartungen in Bezug auf ihre Lebensziele bemerkbar machen.

Schritt 5: Untersuchen wir jetzt den Stier-AC, der in Konjunktion mit der Sonne im 1. Haus steht. Wir haben es mit einer eigenwilligen, bodenständigen Persönlichkeit zu tun, die genau weiß, was sie will. Mit Selbstbewusstsein und Durchsetzungsvermögen verfolgt sie ihre Ziele und kann sehr erfolgreich sein, da sie bereit ist, auch hart zu arbeiten, um sich eine Führungsposition zu sichern, was durch Sonne Trigon MC noch verstärkt wird. Doch Sonne Quadrat Pluto warnt sie davor, Macht zu missbrauchen und anderen ihren Willen aufzudrängen.

Der AC bildet ein Sextil mit Mars im Zeichen Fische. Verena dürfte ihre Energie für humanitäre Unternehmungen und Gruppenaktivitäten einsetzen und mit Gleichgesinnten für gemeinsame Ziele kämpfen, ohne etwas von ihrer Individualität aufzugeben, denn es gelingt ihr, sich Respekt in der Öffentlichkeit und bei Geschäftspartnern zu verschaffen.

Venus als Regentin vom AC im 12. Haus Widder lässt auf spontane, aber auch etwas unberechenbare emotionale Reaktionen auf Umwelt und Mitmenschen schließen.

Schritt 6: Analysieren wir als letzten Punkt noch die Planetenkonstellationen, stellen wir fest, dass wir diese bei der Analyse der Berufshäuser schon berücksichtigt haben.

Dennoch sollten wir uns die geistigen Anlagen anhand der Konstellationen des Planeten Merkur, der zudem Herrscher des 2. Hauses ist, noch einmal vergegenwärtigen. Zusammenfassend können wir sagen, dass Verena folgende geistige Anlagen besitzt:

- Intuition, gutes Urteilsvermögen und gesunden Menschenverstand (Merkur Konjunktion Mond).

- Gute Beobachtungsgabe, realistisches Wahrnehmungsvermögen, die Fähigkeit, aus Erfahrungen zu lernen (Merkur Opposition Jupiter), wobei Verena unsicher wird, wenn man sie angreift und sie ihre Meinung nicht logisch begründen kann.
- Logisches, systematisches und kritisches Denken, verbunden mit einer ausgeprägten Kombinationsgabe, mit einem guten Gedächtnis und naturwissenschaftlichem Verständnis (Merkur Trigon Saturn).
- Starke gefühlsmäßige Beeindruckbarkeit und ein Hang zur Bequemlichkeit, verbunden mit einer lebhaften Phantasie, großer Empfindsamkeit und teilweise unrealistischen Vorstellungen in Bezug auf die Tätigkeit (Merkur Opposition Neptun).
- Zielorientiertes Denken, Überzeugungskraft, rhetorische Fähigkeiten, aktiver vehementer Geist (Widder-Merkur Trigon Pluto).

Die geistige Aktivität des Widder-Merkur (entschlossenes, ehrgeiziges und schnelles Denken, spontane Entscheidungen und Freude an Diskussionen) kommt im 12. Haus entweder in der Abgeschiedenheit, in großen Firmen oder Institutionen zum Ausdruck. Verena hat die Aufgabe, sich Unbewusstes bewusst zu machen, denn sie neigt dazu, Entscheidungen aus unbewussten emotionalen Motiven zu treffen, zumal auch Mond und Venus im 12. Haus stehen. Darüber hinaus bildet der Mond ein Quadrat zur MC/IC-Achse: Verena dürfte es mitunter schwer fallen, berufliche und private Pflichten gefühlsmäßig in Einklang zu bringen.

Da wir die Mondknotenachse schon bei Schritt 4 einbezogen haben, entfällt eine gesonderte Analyse von Schritt 7.

Wie gehen wir bei der Beratung vor?

Es kommt ganz darauf an, wann jemand zur Beratung kommt. Soll man dem Horoskopeigner bei der richtigen Berufswahl behilflich sein, möchte jemand umschulen, oder ist er auf der Suche nach seiner wahren Berufung?

Im ersten Fall dürften wir nicht nur von den Anlagen ausgehen, die wir im Horoskop analysiert haben, sondern wir müssen natürlich die persönlichen Vorlieben und Neigungen berücksichtigen.

Was hätte es genützt, wenn wir Verena einen medizinischen Beruf, z.B. Ärztin im Krankenhaus, empfohlen hätten, wenn sie nicht die geringste Lust dazu hat?

Tatsache ist, dass Verena nach dem Abitur Pädagogik mit Schwerpunkt Kunst und Kultur studierte und freiberuflich in der Erwachsenenbildung tätig war. Da sie aufgrund mangelnder Arbeitsplätze keine feste Anstellung fand, absolvierte sie eine weitere Ausbildung als Computer-Programmiererin. In diesem Beruf ist sie seit über 10 Jahren tätig. Das zeigt zumindest, dass Verena ihre Fähigkeiten sowohl im pädagogisch-kreativen als auch im naturwissenschaftlichen Bereich eingesetzt hat.

Sie übt ihren Beruf gewissenhaft und zuverlässig aus, ohne dabei jedoch richtig zufrieden zu sein. Verena ist in einem internationalen, weltbekannten Unternehmen angestellt, in dem sie einer verantwortungsvollen, selbständigen Tätigkeit in führender Position nachgeht.

Es stellt sich nun die Frage, wie können wir ihr helfen, mehr Erfüllung bei ihrer Tätigkeit zu finden?

Dazu müssen wir uns mit der Tatsache vertraut machen, dass sich Verena mit 40 Jahren und den vorhandenen Konstellationen auf keine beruflichen Experimente mehr einlassen kann und wird.

Ihre Überlegung, den ersten Beruf wieder aufzugreifen, zu dem sie mehr Lust hat als zu ihrer alltäglichen Arbeit, wurde mangels fehlender Berufserfahrung verworfen. Denn dazu wäre eine intensive Fortbildung notwendig, aber die Aussicht auf eine feste Anstellung wäre auch nicht größer. Infolgedessen sollten wir Verena Möglichkeiten aufzeigen, wie sie ihrer Berufung bei ihrer derzeitigen Tätigkeit näher kommen kann.

Verena sollte ihre Kollegen auf konstruktive Weise durch Dienstleistungen oder Aufbauarbeit unterstützen, indem sie ihre psychologischen, pädagogischen und rhetorischen Fähigkeiten z. B. beim Gruppenunterricht mit Gleichgesinnten einsetzt, um gemeinsame Ziele für das Unternehmen zu realisieren. Auf diese Weise könnte sie ihre Führungseigenschaften unter Beweis stellen und konkrete Vorhaben mit Ausdauer, Geduld und organisatorischen Fähigkeiten praktisch und sinnvoll in die Tat umsetzen. Dadurch dürfte sie mehr Anerkennung bekommen und beruflich zufriedener werden, was sich auch positiv auf ihre Gesundheit auswirken könnte.

Verena hat inzwischen tatsächlich die Möglichkeit bekommen, interne Schulungen in kleinen Gruppen durchzuführen. Sie ist nicht mehr ausschließlich als Programmiererin tätig, sondern hat ein breiteres Aufgabenfeld bekommen, das sie eigenverantwortlich betreut. Durch ihre Wahl in den Betriebsrat sitzt sie nun an der Quelle und kann sich intensiv für die Rechte ihrer Kollegen einsetzen.

Werner: Immobilienmakler

Hierbei handelt es sich um einen erfolgreichen Immobilienmakler, der zur Beratung kam, weil er sich auf der Suche nach dem wahren Sinn des Lebens befand. Er war schon in jungen Jahren sehr erfolgreich und kam schnell zu materiellem Wohlstand (Merkur-Mond Konjunktion im 10. Haus am MC, der Mond symbolisiert die frühen Jahre bis ca. 20), so dass er mit Mitte 30 alles erreicht hatte und sich finanziell vieles leisten konnte. Nach dem Abitur stieg er sofort ins Immobiliengeschäft ein, ohne eine Ausbildung zu absolvieren, baute sich ein eigenes Unternehmen auf und arbeitete jahrelang u.a. mit seiner Mutter (Mond im 10. Haus am MC) eng zusammen.

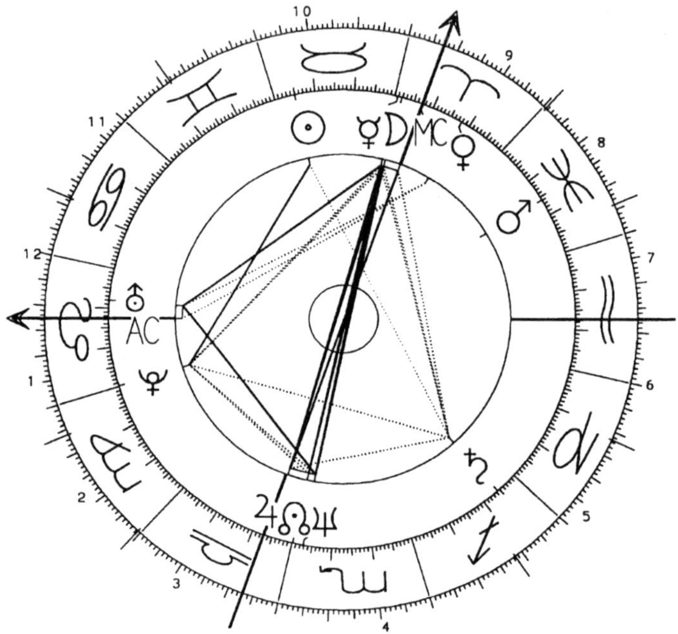

Sehen wir uns sein Horoskop an, stellen wir fest, dass die Verteilung der Planeten in den Elementen, Qualitäten, Polaritäten und in den Zeichen sowie die Aspektierung der Planeten untereinander identisch mit denen von Verena sind. Aber durch die unterschiedlichen kardinalen Achsen ergibt sich natürlich eine völlig andere Häuserverteilung, andere Interessensgebiete sowie andere Aspekte zum AC und MC.

Schritt 1: Auf der oberen Hälfte befinden sich sechs Planeten, auf der unteren vier. Auf der linken und rechten Hälfte stehen jeweils fünf Planeten. Hier ist der Drang in die Öffentlichkeit und das Kontaktbedürfnis mit anderen Menschen sehr ausgeprägt.

Schritt 2-3: Aufgrund der starken Besetzung der Feuerzeichen (6 Planeten, AC + MC) mit Betonung der Pluspolarität und der kardinalen Zeichen und Häuser, handelt es sich um eine überaktive Persönlichkeit, die aus persönlichen Interessen gern die Initiative ergreift und den Drang hat, immer etwas in Bewegung zu setzen.

Schritt 4: Von den Berufshäusern ist das 2. Haus auch hier nicht besetzt. Die Spitze fällt ebenfalls in ein Merkur-Zeichen, nämlich Jungfrau. Merkur befindet sich im Widder im 10. Haus in Konjunktion mit dem Mond am MC. Werner könnte seinen Lebensunterhalt mit einer kommunikativen Tätigkeit verdienen, denn er hat einen starken Bezug zur Öffentlichkeit, zum Publikum und braucht die Kommunikation mit einflussreichen Persönlichkeiten, um einerseits Anerkennung zu bekommen und andererseits selbst Einfluss auf die Gesellschaft auszuüben.

Diese Anlagen werden durch das geschlossene Trigon zu Saturn im 5. Haus Schütze und zu Pluto im 1. Haus Löwe (nach Placidus an Spitze 2) noch verstärkt: Merkur Trigon Pluto fördert Überzeugungskraft, rhetorische und psychologische Fähigkeiten. Mit Pluto im 1. Löwe Trigon Merkur-Mond im 10. Haus dürfte Werner das Bedürfnis haben, Macht auf seine Mitmenschen und seine Umwelt auszuüben, um sie zu kontrollieren oder zu manipulieren.

Durch die Schützefärbung des Saturn im 5. Haus ist der Hinweis auf eine ehrgeizige, idealistische und stolze Persönlichkeit gegeben, die in Bezug auf die Themen des 5. Hauses (Selbstdarstellung, Liebesbeziehungen, Kindererziehung, Investitionen oder Spekulationen und Hobbies) eine moralisch-ethische Einstellung vertreten dürfte.

Logisches, systematisches Denken und Kombinationsgabe, ein gutes Gedächtnis, Realitätssinn und Praxisbezogenheit (Merkur Trigon Saturn) unterstützen Werners gutes Urteilsvermögen. Da Saturn harmonisch aspektiert ist, wird Werner kaum ein Risiko in diesen Angelegenheiten eingehen, sondern verantwortungsbewusst handeln und seine Pflichten erfüllen, damit ihm ein sicherer Aufstieg und Erfolg gewiss sind, was auch durch Saturn Trigon MC deutlich wird.

Mit Merkur Opposition Jupiter im 4. Haus neigt Werner jedoch dazu, seine schnelle Auffassungsgabe und sein zukunftsorientiertes Denken für Projekte einzusetzen, die nicht immer gründlich genug geplant sind, weil Details übersehen oder voreilige Schlüsse gezogen wurden. Dennoch dürfte es ihm gelingen, andere Menschen – insbesondere Familienmitglieder und einflussreiche Personen – von den Vorteilen seiner Ideen zu überzeugen, um deren Unterstützung zu bekommen, wobei die Gefahr besteht, dass er andere übervorteilt oder „überfährt", weil er vieles als selbstverständlich betrachtet.

Merkur Opposition Neptun weist darauf hin, dass Werners geistige Vorstellungen nicht immer mit seinen Idealen konform gehen, zumal Neptun in Konjunktion mit dem Mondknoten steht. Er sollte sich stets auf konkrete und realisierbare Ziele konzentrieren und nicht zu hohe Erwartungen hegen, was er mit Mond-Merkur im Trigon zu Saturn und Saturn im 5. Haus im Sextil zu Jupiter im 4. Haus schaffen könnte. Mit diesem Aspekt strebt er das Bestmögliche für sich und seine Familie an, wobei Jupiter an der Spitze der Drachenfigur steht, das geschlossene Feuer-Trigon aktiviert und ein Sextil mit Pluto und Saturn bildet. Werner kann seine Pläne mit Organisationstalent, Optimismus und Weitblick pflichtbewusst und zuverlässig in die Tat umsetzen. Jupiter

Sextil Pluto fördert hohe Ideale und den Einsatz für langfristige Ziele sowie einen ausgeprägten Gerechtigkeitssinn.

Kommen wir zum 6. Haus. Die Spitze fällt in das Zeichen Steinbock, dessen Herrscher Saturn steht im 5. Haus. Da das 6. Haus unbesetzt ist, bezieht sich die Aspektanalyse des Saturn auch auf das 6. Haus. Werner könnte eine eher nüchterne Büro- oder Verwaltungstätigkeit in einem traditionellen Rahmen ausüben, in dem Wert auf Ordnung gelegt wird. Saturn als Herrscher des 6. Hauses zeigt auch an, dass Werner distanziert oder streng, aber gerecht zu seinen Kollegen bzw. Angestellten ist, harten Arbeitseinsatz, Aufrichtigkeit und Gewissenhaftigkeit von ihnen fordert, wobei dieser Bereich für ihn persönlich nicht so wichtig ist.

Die Spitze des 10. Hauses, das MC fällt in das Zeichen Widder und bildet eine Konjunktion mit Mond-Merkur: Anerkennung in einem kommunikativen Beruf kann zur Popularität führen. Hier ist auch der Hinweis auf Werners frühen Erfolg gegeben, der sich als „Senkrechtstarter" entpuppte, Freude am Reden und Verhandeln hat und in der Lage wäre, einen Familienbetrieb zu führen oder mit Familienmitgliedern (Mutter) zusammenzuarbeiten. Gesunder Menschenverstand und sprachliche Gewandtheit können also in der Öffentlichkeit oder Gesellschaft geschickt und erfolgreich eingesetzt werden, sofern die Erwartungen nicht zu hochgesteckt werden (Mond-Merkur Opposition Jupiter). Jupiter in Konjunktion mit dem IC zeigt an, dass Werner Glück mit Immobilien hat und seine Entfaltung im Bereich des 4. Hauses liegt, das auch mit Wohnungsbau und Grundstücken in Verbindung gebracht wird. Mit Merkur-Mond am MC möchte Werner als intelligent und gebildet gelten, dürfte aber mitunter Schwierigkeiten haben, sich klar und unmissverständlich zu äußern (Mond-Merkur Opposition Neptun), was sich sowohl innerhalb der Familie als auch im Beruf bemerkbar machen kann. Außerdem sollte er versuchen, sich selbst und anderen gegenüber offen und ehrlich zu sein.

Neben Mond und Merkur befindet sich auch die Sonne als Herrscherin des AC Löwe im 10. Haus Stier im Quadrat zu Pluto. Hier sind innere Machtkonflikte angezeigt, die im Umgang mit der Gesellschaft und bei Werners Selbstdarstellung in der Öffentlichkeit zum Ausdruck kommen. Er neigt dazu, anderen seinen Willen aufzuzwingen, dürfte sehr dominant sein und die Einstellung haben, dass Macht auch Recht bedeutet, was nicht gerade zu seiner Beliebtheit beiträgt. Es kann durch höhere Gewalt zu beruflichen Rückschlägen kommen, wenn Werner bei seinem Streben nach Erfolg und Anerkennung zu skrupellos vorgeht. Deshalb sollte er den Fische-Mars stärker ausleben. Mars als Herrscher vom MC ist im 8. Haus Fische nicht aspektiert.

Energie und Aktivität kommen in Verbindung mit Gemeinschaftsgeldern, mit Finanzen oder Besitz anderer Menschen auf subtile Art zum Ausdruck. Die Fische-Eigenschaften des Mars sollten hier stärker entwickelt werden, indem Werner versucht, einfühlsamer mit anderen Menschen umzugehen und seine soziale „Ader“ häufiger zum Ausdruck bringt, indem er kompromissbereiter wird, anderen etwas zukommen lässt und sich intensiv mit dem Thema „Werden und Vergehen“ auseinander setzt, um sich die Vergänglichkeit der Materie bewusst zu machen.

Schritt 5: Der AC Löwe steht in Konjunktion mit Uranus im 12. Haus: Wir haben es also mit einer exzentrischen, freiheitsliebenden, aber innerlich unruhigen Persönlichkeit zu tun, die sich anderen überlegen fühlen könnte und beansprucht, etwas ganz besonderes zu sein. Durch Venus Trigon Uranus und AC hat dieser Individualist eine positive Lebenseinstellung und kann spontan und auf charmante Weise Kontakte und Beziehungen anknüpfen, zumal er nach außen hin sehr zufrieden wirken dürfte. Aber Uranus steht auch im

Quadrat zu Neptun. Diesen Generationsaspekt sollten wir hier berücksichtigen, da er Bezug zu den kardinalen Häusern 1 und 4 hat. Hier ist also mit Intrigen oder Unklarheiten zwischen Werner und seinen Angehörigen zu rechnen, was durch Neptun im 4. Haus bestätigt wird: Seine Idealvorstellungen bezüglich seiner Familie und seines Innenlebens sollten hin und wieder korrigiert werden. Dennoch sollte er sich der Mondknotenposition gemäß um seine Familie, den Besitz und um sein Innenleben kümmern.

Schritt 6-7: Beide erübrigen sich, da wir inzwischen alle Planeten, die Mondknoten und deren Konstellationen mit einbezogen haben.

Was ist Werner zu raten?

Um Werner nun eine Möglichkeit aufzuzeigen, wie er seiner Berufung näher kommen kann, sollten wir einige Konstellationen intensiver beleuchten. Werner möchte etwas darstellen, wobei der materielle Aspekt eine große Rolle spielt (Sonne im 10. Haus Stier). Er hat das Bedürfnis nach Anerkennung, Erfolg und Sicherheit und möchte starken Einfluss auf die Gesellschaft ausüben. Beruf und Berufung sind also ein zentrales Thema für ihn. Auch Jupiter am IC trägt zu Werners Sinnfindung und Entfaltung bei, die sowohl im häuslichen als auch im gesellschaftlichen Rahmen ihren Ausdruck findet. Werner könnte versuchen, berufliche und familiäre Belange miteinander zu vereinbaren und möglicherweise auch zu Hause arbeiten. Dabei sollte er nicht vergessen, sich intensiv um sein Seelenleben zu kümmern und sich um Selbsterkenntnis zu bemühen.

Da Werner schon jetzt sehr viel erreicht hat und einen hohen Grad an materieller Sicherheit genießt, sollte er sich in aller Gelassenheit um sich selbst kümmern und versuchen, auf etwas Höheres zu vertrauen, denn die Sehnsucht danach ist durch Saturn in Schütze Quincunx Sonne angezeigt. Werner könnte sich auf einer höheren Ebene durch Reisen, durch den Kontakt mit fremden Kulturen (Venus im 9. Haus im Widder) oder durch geistige Horizonterweiterung (z.B. Astrologie oder Philosophie) weiterbilden, was durch Saturn in Schütze und Uranus (im 12. Haus) Konjunktion Löwe-AC angezeigt wird.

Mit seinem Verhandlungsgeschick, seiner gewandten Ausdrucksweise (Merkur-Mond am MC) und seinem Auftreten könnte er vor einem größeren Publikum z.B. auch Vorträge halten und sich „bewundern" lassen (Sonne im 10. Haus als Herrin vom AC). Auf diese Weise könnte er auch sein Bedürfnis, finanzielle Gewinne mit seiner Tätigkeit zu erzielen (2. Haus Jungfrau und 11. Haus Zwillinge – Merkur im 10. Haus), befriedigen. Mit Hilfe seiner ausgeprägten organisatorischen Fähigkeiten und seinem Idealismus (Jupiter Sextil Saturn und Pluto) kann Werner seine weitgesteckten Ziele realisieren, solange er keine übertriebenen Erwartungen oder Wunschvorstellungen hegt (Merkur-Mond Opposition Jupiter, Neptun, Mondknoten). Dabei sollte er stets darauf bedacht sein, den nicht aspektierten Mars im Fische-Zeichen stärker zum Zuge kommen zu lassen, indem er sich aufrichtig, aktiv und großzügig für die sozialen Belange anderer Menschen einsetzt.

Werner könnte z.B. seine eigenen Erfahrungen, die er durch die Erforschung seines Unterbewusstseins gemacht hat (Neptun-Mondknoten im 4. Haus im Skorpion), in einer harmonischen Umgebung oder im Ausland weitergeben (Jupiter im 4. Haus in der Waage sowie Venus im 9. Haus im Widder). Ebenso könnte er auch Veranstaltungen oder Vortragsreihen im In- und Ausland organisieren und dafür Einführungsreden halten oder Referenten vorstellen.

Werner sollte seine finanzielle Unabhängigkeit genießen und sich nicht mehr so aktiv um die Anhäufung von Besitz bemühen, sondern seine Energie für eine Tätigkeit einsetzen, die eher den Interessen der Allgemeinheit entspricht, und bei der er mehr für andere tun kann (Mars 8. Haus Fische) – möglicherweise auch im finanziellen Bereich, denn Mars im 8. Haus spricht auch für die Verwaltung oder Anlage fremder bzw. Firmengelder, wobei der soziale Aspekt nicht übersehen werden sollte.

Werner hat seinen Wohnsitz inzwischen nach Mallorca verlegt und sich Gedanken darüber gemacht, dort ein Seminarhaus zu errichten, um Veranstaltungen im großen, internationalen Rahmen zu organisieren. Ob er sein Vorhaben realisieren wird, hängt davon ab, wie intensiv er seinen beruflichen Aktivitäten nachgeht, die nach wie vor im Vordergrund stehen.

Andrea: kaufmännische Angestellte

Andrea ist kaufmännische Angestellte und seit über 10 Jahren in der Rechtsabteilung eines großen Reiseunternehmens tätig. Sie hat den Wunsch nach Veränderungen, bzw. nach einer ganz anderen Tätigkeit, da ihr diese Arbeit zu langweilig und zu „trocken“ ist, denn sie erledigt vorrangig Schreibarbeiten.

Schritt 1-3: In diesem Horoskop befinden sich die meisten Planeten über dem Horizont (obere Hälfte) und auf der rechten Seite. Das Luftelement (Wassermann) und damit die fixe Qualität sind besonders stark besetzt. Das heißt, diese Persönlichkeit dürfte auf den ersten Eindruck aufgeschlossen und kontaktfreudig sein, gern selbständig und eigenverantwortlich arbeiten und die Realisation ihrer (geistigen) Ziele beharrlich angehen.

Schritt 4: Von den Berufshäusern 2-6-10 ist nur Haus 10 besetzt; die Planeten Sonne, Jupiter und Merkur stehen am MC Wassermann, wobei sich Merkur noch im 9. Haus befindet. Dieses Stellium weist darauf hin, dass Andrea einen starken Bezug zur Öffentlichkeit hat, dass sie ehrgeizig ist und Wert auf Resonanz von außen legt. Unabhängigkeit, ein großes Bedürfnis nach Freiheit und Abwechslung (Wassermann) sowie der Wunsch nach Anerkennung und einer angesehenen, einflussreichen Position (Sonne-MC) machen sich bei Andrea bemerkbar, denn sie möchte gern „den Ton angeben".

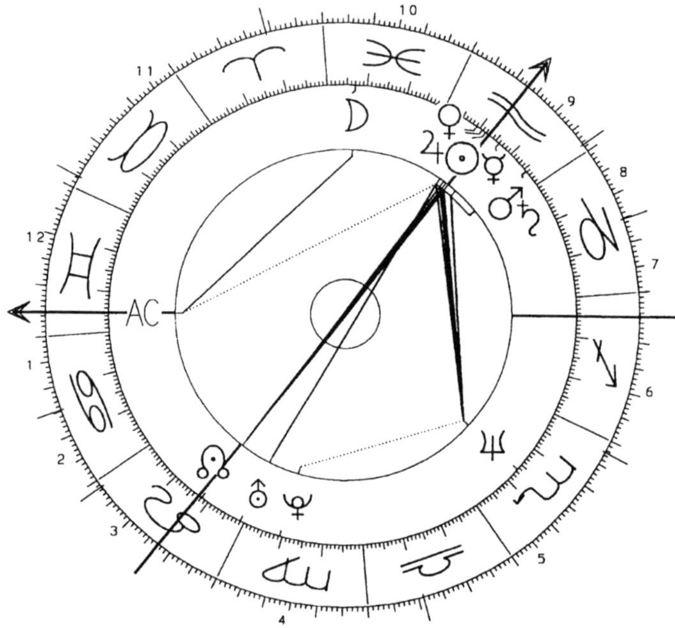

Andrea liebt das Leben, ist gesellig (Sonne-Venus) und hat eine soziale Einstellung, worauf auch der Fische-Mond hinweist. Sie dürfte freundlich, fröhlich und umgänglich sein und sich gewandt artikulieren können (Merkur-Venus). Außerdem dürfte sie eine angenehme Stimme sowie musische

Fähigkeiten und diplomatisches Geschick besitzen, was auf einen künstlerisch-musischen Beruf hinweisen könnte.

Mit Optimismus und Begeisterungsfähigkeit dürfte Andrea Unterstützung von einflussreichen Personen bekommen (Sonne-Jupiter) und ihre Ziele mühelos verwirklichen können. Es macht sich jedoch auch ein Hang zur Bequemlichkeit und zum Ausweichen bemerkbar (Sonne, Merkur, Venus, Jupiter Quadrat Neptun). Mit Merkur im 9. Haus in Konjunktion zu Jupiter und MC dürfte Andrea zwar eine gute Auffassungsgabe und Interesse an Weiterbildung sowie an humanitären Zielen haben, aber auch dazu neigen, gedanklich „übers Ziel hinauszuschießen“ und zu hohe Erwartungen zu hegen.

Wir dürfen auch nicht übersehen, dass sich dieses Wassermann-Stellium auf der Mondknotenachse und im Quadrat zu Neptun im 5. Haus der Kreativität befindet. Durch Sonne Quadrat Neptun besteht einerseits die Neigung zu einer idealistischen Einstellung, andererseits aber auch zur Selbsttäuschung, da Andrea sich selbst nicht realistisch einschätzen kann – worauf auch die Konjunktion von Sonne, Merkur, Venus und Jupiter hinweist. Mit Sonne, Merkur und Jupiter im Quadrat zu Neptun besitzt Andrea viel Phantasie. Sie könnte den Wunsch haben, den Alltagspflichten zu entfliehen. Diese Fluchttendenzen werden durch das Quadrat zu Neptun noch verstärkt: Wunschdenken und mangelnde Objektivität machen sich bemerkbar. Andrea könnte ungewollt unzuverlässig sein oder Fehler machen, weil sie nicht bei der Sache ist und etwas vergisst, oder sich in ihrer geistigen Phantasiewelt befindet.

Neptun im Quadrat auf die MC/IC-Achse weist darauf hin, dass Andrea keine klaren Lebensziele hat, immer wieder unzufrieden mit ihren Arbeitsbedingungen ist und auf etwas besseres hofft, das sich vielleicht nie einstellt. Andrea sollte sich aktiv um ihre Fortbildung sowie um ihre Position im Beruf und in der Gesellschaft bemühen.

Neptun steht im Sextil zu Pluto im 4. Haus Jungfrau, was zwar generationsbedingt ist, aber beachtet werden sollte, da Pluto Herrscher des 6. Hauses Skorpion ist. Das Bedürfnis nach Durchsetzung und Einfluss sowie starke unbewusste Emotionen dürften bei der Arbeit eine Rolle spielen. Andererseits besteht die Möglichkeit, dass sich Andrea entweder über Kinder, einen Partner oder Krankheit (Neptun im 5. Haus, nach Placidus in 6) dem Berufsleben entziehen möchte, was allerdings einer Flucht vor der eigenen Aufgabe gleichkäme, da sie Wunschvorstellungen in Bezug auf die Art der Arbeit hat.

Mit der Konjunktion von Mars und Saturn im 9. Haus Wassermann könnte Andrea viel leisten und zu harter Arbeit fähig sein. Da die Konjunktion aber keine weiteren Aspekte hat, besteht die Gefahr, dass die vorhandene Aktivität im Bereich Weiterbildung, Rechtsprechung und Reisen stark gebremst wird (Mars=Aktivität; Saturn=Bremse) und Andrea diesbezüglich eventuell gar nichts unternimmt. Mit Mars und Saturn im 9. Haus dürfte aber ein ausgeprägtes Gerechtigkeitsgefühl vorhanden sein. Deshalb wäre es für Andrea wichtig, dass sie realistische Vorstellungen in Bezug auf ihre Tätigkeit entwickelt und keine übertriebenen beruflichen Erwartungen hegt (Sonne, Merkur, MC, Jupiter, Venus und absteigender Mondknoten im Quadrat zu Neptun).

Schritt 5: Auch der AC steht im beweglichen Luftzeichen Zwillinge. Dadurch wird das Luftelement noch stärker betont. Hier zeigt sich zwar eine aufgeschlossene, wissbegierige Persönlichkeit, die an allem Neuen interessiert ist, aber nicht immer über genügend Ausdauer und Durchhaltevermögen bei der Verwirklichung ihrer Ziele verfügt. Der Mond im 10. Haus Fische hat außer dem Quadrat auf die AC/DC-Achse keine weiteren Aspekte zu den Planeten. Andrea dürfte sich oftmals in einer Konfliktsituation befinden, denn mit dem Fische-Mond ist sie sehr feinfühlig, besitzt großes Mitgefühl und dürfte den Wunsch haben, anderen zu helfen, aber der Zwillinge-AC neigt dazu, alles etwas lockerer und oberflächlicher zu betrachten, so dass sich Andreas soziale Ader wieder „in Luft auflöst“.

Schritt 6: entfällt, da wir die Planetenkonstellationen bereits analysiert haben und das Horoskop nicht sehr stark aspektiert ist.

Schritt 7: Die Mondknotenachse ist bei diesem Horoskop besonders zu erwähnen, denn der aufsteigende Mondknoten befindet sich im 4. Haus Löwe. Andrea sollte sich zu einer souveränen Persönlichkeit entwickeln, die sich mit ihrem Innenleben und der Familie auseinander setzt. Dazu müsste sie sich vom absteigenden Mondknoten im 10. Haus Wassermann lösen, der aber in Konjunktion mit Sonne, Venus und Jupiter steht. Die Mondknoten-Achse ist mit der MC/IC-Achse identisch. Dadurch fällt es Andrea schwer, sich von der Vergangenheit, dem Vertrauten, zu lösen.

Wo liegt Andreas Berufung und wie kann sie dieser näher kommen?

Andreas Berufung liegt tatsächlich im Bereich des 10. Hauses. Sie sollte eine Tätigkeit ausüben, bei der sie humanitäre Ziele vertritt, andere Menschen unterstützt und sich in der Gesellschaft nützlich machen kann. Dabei sollte auch der Fische-Mond miteinbezogen werden, der Mitgefühl und Hilfsbereitschaft anzeigt. Mit MC Wassermann und der Planetenanhäufung in diesem Zeichen braucht Andrea einen Beruf, in der ihre originelle, idealistische Seite zum Ausdruck kommen kann. Sie sollte ihre eigene Identität in einem größeren Rahmen entwickeln als in dem der Familie oder des Zuhauses, denn der nicht aspektierte Uranus als Herrscher des MC steht im 4. Haus Löwe. Es wäre keine Lösung, den Beruf durch eine Familie zu ersetzen, da sie immer wieder „ausbrechen" würde. Andreas Aufgabe besteht darin, die eigene Persönlichkeit selbstbewusst zu entwickeln, innerlich unabhängig zu werden und in der Lage zu sein, die angestrebte Rolle in der Öffentlichkeit souverän zu spielen, wobei ihr u.a. die Astrologie sehr hilfreich sein könnte.

Andrea sollte lernen, die Einschränkungen, die sich bei ihrer Selbstverwirklichung bemerkbar machen, mit Vernunft und Verständnis zu lösen (Sonne, Mondknoten) und prüfen, inwieweit es zu Problemen mit der Entfaltung und Sinnfindung aufgrund schlechter Zeiteinteilung oder einer übersteigerten Erwartungshaltung kommen kann, weil berufliche und ethische Ziele eventuell im Widerspruch zueinander stehen (Jupiter, Mondknoten). Andrea könnte ihren Arbeitsplatz z.B. in den Empfangsbereich einer Firma oder Praxis verlegen, wo sie direkten Kontakt zu Menschen hat. Darüber hinaus könnte sie auch in einer Beratungsstelle oder in einem anderen öffentlichen Amt tätig sein, wo ihre organisatorischen Fähigkeiten gefordert sind, sie sich weiterhin mit Schreibarbeiten am Computer befasst und täglich Umgang mit Menschen hat.

Ihre Tätigkeit in der Rechtsabteilung eines Reiseunternehmens entspricht nicht Andreas Anlagen, denn sie braucht unbedingt den Kontakt zu anderen Menschen. Eine Tätigkeit, die ausschließlich im Hintergrund ausgeübt werden muss, kann für sie nicht in Frage kommen. Da Andrea in dieser Firma nicht stärker in den Vordergrund treten kann, wäre es sinnvoll, sich umzuorientieren.

Der laufende Uranus befindet sich im Wassermann und löste 1997 die Mars/Saturn-Konjunktion aus. 1998 bis 2000 stehen die Übergänge von Uranus über Merkur, MC und über die Planeten im 10. Haus an. Alles deutet auf plötzliche Veränderungen hin, die Flexibilität und schnelle Reaktionen von Andrea fordern.

Spätestens wenn der Uranus-Transit die Opposition zum Radix-Uranus auslöst, dürfte Andrea stark mit diesem Thema konfrontiert werden, falls sie bis dahin keine weiteren Schritte unternommen hat.

Bei den Uranus-Transiten besteht die Gefahr, dass man zu übereilten Handlungen und Entscheidungen neigt (Kurzschluss- oder Affekthandlungen). Dennoch ist neben der beruflichen auch eine innere Neuorientierung notwendig. Andrea sollte nicht in neptunischen Wunschvorstellungen verharren, sondern möglichst schnell aktiv werden.

Birgit: Sozialpädagogin

Birgit studierte Sozialpädagogik und ist zum Zeitpunkt der Beratung arbeitslos. Sie möchte einerseits gern in ihrem Beruf arbeiten, hat andererseits aber das Bedürfnis, sich intensiver mit tiefgreifenderen Themen zu beschäftigen.

Schritt 1-3: Betrachten wir das Horoskop, fällt sofort die Betonung des 3. Quadranten (Gemeinschaftssektor) mit je neun Planeten auf der oberen und auf der rechten Hälfte sowie die starke Besetzung des Erdelementes mit fünf Planeten und der weiblichen Zeichen mit acht Planeten auf. Obwohl sich neun Planeten über dem Horizont befinden, kann man hier nur bedingt von einer extravertierten Persönlichkeit sprechen: Die Betonung der Erd- und Wasserzeichen Jungfrau und Skorpion weisen eher auf Introvertiertheit hin.

Es handelt sich um eine bodenständige Persönlichkeit (fixe Qualität, 5 Planeten), die ihre Aufgabe in der Gruppe oder Gemeinschaft (Haus 8 und 9) sucht und konkrete Ziele braucht. Aufgrund des nicht besetzten Luftelements und der mangelnden kardinalen Qualität könnte Birgit zu wenig Antriebskraft haben und selten die Initiative ergreifen, um etwas in die Wege zu leiten.

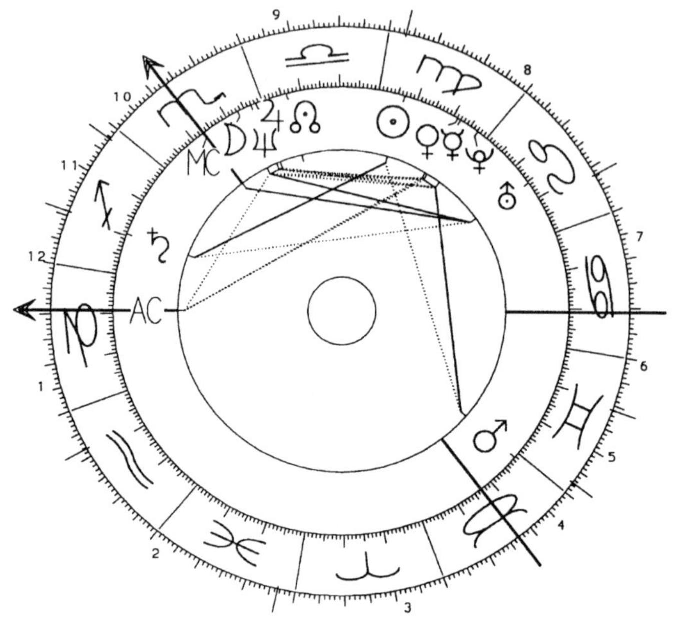

Mit der starken Besetzung der rechten Hälfte dürfte der Wunsch vorhanden sein, intensiv im Team oder mit anderen Menschen zusammenzuarbeiten, wobei Birgit eine führende Rolle übernehmen möchte.

Schritt 4: Die klassischen Berufshäuser (2-6-10) sind nicht besetzt. Deshalb gehen wir sofort zu

Schritt 5-6: über und sehen uns zuerst die Planeten im 8. Haus Jungfrau und im 9. Haus Skorpion an, wo sich auch die persönlichen Planeten und die Herrscher der Berufshäuser befinden.

Sonne, Merkur, Venus und Pluto im Zeichen Jungfrau lassen auf eine kritische Persönlichkeit mit einem Hang zum Perfektionismus schließen, der u.a. aus einem Gefühl der Unsicherheit (Sonne Quadrat Saturn) resultiert. Mit der starken Jungfraubetonung möchte Birgit gern den Überblick behalten, denn alles nicht Überschaubare könnte sie verunsichern, was sie jedoch nach außen mit dem Steinbock-AC und mit Hilfe des Sonne/Mars-Trigons zu überspielen versucht. Hierdurch kommen auch natürliche Führungsqualitäten zum Ausdruck, die Birgit dazu befähigen, mit Mut, Willenskraft und Energie die Herausforderung einer schwierigen Aufgabe anzunehmen. Außerdem dürfte sie den Wunsch haben, sich nützlich zu machen, anderen zu helfen und ein wichtiges Mitglied in der Gemeinschaft zu sein, wobei alles möglichst perfekt sein soll, da sie sehr ehrgeizig sein kann.

Die Besetzung des 8. Hauses lässt Interesse an gemeinsamen Werten, Themen wie Reinkarnation, Tod und Wiedergeburt, Astrologie oder Sterbebegleitung vermuten. Mit der starken Jungfraubetonung sind pädagogische Fähigkeiten und eine soziale Einstellung verbunden. Die starke Betonung des 8. Hauses zeigt Birgits Zugang zu den Hintergründen des Lebens, ihre Auseinandersetzung mit dem Thema „Stirb und Werde“ sowie ihre Fähigkeit, in die tieferen Schichten des Bewusstseins vorzudringen, wobei ihr die Besetzung des 9. Hauses Skorpion sehr hilfreich sein dürfte, da die Planeten im 8. und 9. Haus durch Sextile verbunden sind.

Mit ihrem analytischen und praktischen Verstand (Merkur im 8. Haus in der Jungfrau) kann sich Birgit sprachlich gewandt und treffend artikulieren (Merkur-Venus-Pluto) und Einfluss auf andere Menschen ausüben.

Sie braucht eine gute Ausbildung, damit sie sich beruflich spezialisieren kann, denn Birgit ist sehr arbeitsorientiert. Mitunter konzentriert sie sich jedoch zu sehr auf Details. Deshalb könnte es ihr bei ihrem Bestreben, den Dingen auf den Grund zu gehen (Merkur, Venus und Pluto im 8. Haus in der Jungfrau mit Sextil Mond, Jupiter, Neptun im 9. Haus im Skorpion) an Weitblick mangeln.

Saturn im 12. Haus Schütze steht im Quadrat zur Sonne. Hier werden Birgit Grenzen gesetzt. Sie sollte sich hin und wieder zurückziehen, um zu sich selbst zu finden und lernen, loszulassen (Skorpion), was ihr bei der Jungfraubetonung, dem Zeichen der Selbstbewahrung, sehr zugute käme.

Mond Sextil Venus weist auf Einfühlungsvermögen und verhaltene Liebenswürdigkeit (Jungfrau-Venus) hin. Mit Mond im 9. Haus Skorpion dürfte Birgit von Kindheit an eine tiefe Verbundenheit mit religiösen, sozialen und ethischen Werten sowie spirituelles Verständnis haben, zumal auch Jupiter und Neptun in Konjunktion mit dem Mond stehen. Birgit dürfte ihr theoretisches Wissen auch praktisch anwenden und z.B. an Universitäten oder in der Erwachsenenbildung weitergeben können.

Literarische und musische Begabung sowie Sinn für Ästhetik sind durch Merkur-Venus Sextil Mond-Neptun angezeigt. Mit diesen Konstellationen dürfte Birgit Zusammenhänge und Beziehungen gut erfassen können. Eine praktische Tätigkeit, bei der sie im Team mit netten Kollegen zusammenarbeiten, ihren scharfen Verstand (Merkur-Venus-Pluto) und ihre Wahrheitsliebe geschickt und einfühlsam einsetzen kann, wäre für Birgit sehr wichtig.

Sie könnte verbal und gefühlsmäßig großen Einfluss auf ihre Mitmenschen ausüben, denn sie besitzt gesunden Menschenverstand. Gefühl und Verstand stehen im Einklang miteinander (Merkur Sextil Mond), denn Birgit kann die Gedanken anderer spüren und auf sie eingehen (Merkur Sextil Mond/Jupiter/Neptun).

Die Besetzung des 9. Hauses weist auf Interesse an höherer Bildung, an Philosophie, Recht und ausländischen Angelegenheiten hin. Mit Mond, Jupiter und Neptun im Sextil zu Merkur, Venus und Pluto kann Birgit überzeugend auftreten und ihre Vorstellungen treffend darlegen, wobei sie auch ihr positives Denken (Merkur-Jupiter) einsetzen dürfte. Da Neptun und Mond an diesem Stellium beteiligt sind, gesellen sich Intuition, Phantasie und ein ausgeprägtes Wahrnehmungsvermögen dazu, so dass Birgit in der Lage wäre, ihr Wissen weiterzugeben, Vorträge zu halten oder eigene Erfahrungen zu dokumentieren. Sie braucht ein Umfeld, in dem sie geistige Anregungen erhält, anderen ihre Gedanken mitteilen und etwas vermitteln oder lehren kann, wovon sie gefühlsmäßig überzeugt ist.

Pluto, der ebenfalls an dieser Konstellation beteiligt ist, steht im Quadrat zu Mars im 4. Haus Stier. Mit dem Stier-Mars machen sich Anlaufschwierigkeiten und ein Hang zur Bequemlichkeit bemerkbar, durch den die Aktivität eingeschränkt wird, die im häuslichen Bereich zum Ausdruck kommt. Birgit könnte dort Macht ausüben und sich recht dominant verhalten. Sie sollte lernen, Vernunft, Disziplin und Diplomatie zu üben – dann kann sie viel leisten.

Ihre Tätigkeit könnte Birgit z.B. in Institutionen und zum Teil „hinter den Kulissen" ausüben, in denen ihre Anonymität gewahrt bleibt (Saturn 12. Haus Schütze Quadrat Jungfrau-Sonne in 8) und wo(hin) sie sich immer wieder zurückziehen kann. Dennoch ist der Kontakt zu anderen Menschen und kleineren Gruppen (8. Haus) für sie sehr wichtig. Durch praktische aufbauende Arbeit kann Birgit neue Kräfte sammeln und von eigenen seelischen Problemen loskommen, vitaler werden und mehr Selbstvertrauen aufbauen, zumal Mond (Skorpion) Sextil Pluto (Jungfrau) Widerstandskraft und Regenerationsvermögen fördert.

Birgit könnte z.B. den Wunsch nach kreativen Ausdrucksmöglichkeiten (Merkur und Venus im Sextil zu Mond, Jupiter und Neptun) mit manuellem Geschick (Kunsthandwerk) zusammen mit anderen realisieren, singen (Stier-Mars) oder eine Fremdsprache lernen (Merkur und Venus im Sextil zu Mond, Jupiter, und Neptun im 9. Haus).

Mit Saturn Trigon Uranus gelingt es Birgit, sich auf neue Situationen einzustellen. Sie hat intuitive Einsichten in das Wirken kosmischer Gesetze und guten Zugang zu Karma, Reinkarnation, Astrologie und Yoga. Da Uranus als Herrscher von 2 im 8. Haus im Quadrat auf die MC-IC-Achse steht, möchte Birgit eine ungewöhnliche oder abwechslungsreiche Tätigkeit ausüben, bei der sie mitunter mit originellen bis exzentrischen Menschen zu tun hat, die für Auflockerung oder Unruhe in ihrem Leben sorgen. Obwohl sich Birgit mit ihrer Erdbetonung gut anpassen kann, neigt sie zu Konflikten mit Vorgesetzten (Uranus Quadrat MC). Sie braucht jedoch Impulse und Anstöße von außen, um Veränderungen herbeizuführen.

Da das 10. Haus nicht besetzt ist, dürfte Birgit nicht so großen Wert auf öffentliche Anerkennung, sondern mehr Wert auf Akzeptanz im Team legen. Pluto als Herrscher des MC steht im 8. Haus und ist mit den Gestirnen in Haus 9 und 4 verbunden. Mit der Sonne an Spitze 9 und dem Mondknoten im 9. Haus sollte Birgit ihre Erfüllung in den Themen dieses Bereiches suchen: Geistige Horizonterweiterung, z.B. durch die Beschäftigung mit Philosophie, Gebet, Meditation und fremden Kulturen einerseits, sowie Interesse an besseren menschlichen Bedingungen, geistiger Erneuerung und Unterricht in der Erwachsenenbildung andererseits.

Es ist wichtig, dass Birgits beruflichen Wunsch- und Idealvorstellungen eine realistische und konkrete Zielsetzung erfahren. Sie sollte keine zu hohen Erwartungen haben, sondern ganz klare Ziele ansteuern, zumal sie mit der Sonne in 8 die tieferen Geheimnisse des Lebens erforschen will und nach höheren geistigen Werten sucht.

Die Erfahrung hat gezeigt, dass jemand stärker vom Kollektivschicksal betroffen sein kann als andere, wenn Pluto in Verbindung mit persönlichen Planeten steht. In diesem Horoskop ist er mit Mond, Merkur und Venus verbunden. Insofern ist es nicht sehr verwunderlich, dass Birgit arbeitslos wurde. Zu diesem Zeitpunkt (1997) löste Pluto die Opposition zu Mars aus. Als Birgit zur Beratung kam, stand Pluto im Quadrat zum Radix-Pluto und lief das Quadrat zu Merkur-Venus an.

Der Uranus-Transit stand im Quadrat zu Jupiter, Neptun und Mond im 9. Haus, und der Neptun-Transit im Quadrat zu Mars. Er lief 1998 das Quadrat zu Jupiter an. Bis Mitte 1998 hat sich in beruflicher Hinsicht bei Birgit nicht viel verändert – allerdings hat sie die Zeit für ihre persönliche Weiterbildung genutzt.

Cynthia: Abiturientin – (Innen-)Architektin

Cynthia kam kurz nach ihrem 18. Geburtstag zur Beratung, da sie unmittelbar vor dem Abitur stand und nicht wusste, welchen Beruf sie ergreifen sollte. Sie interessiert sich für (Innen-)Architektur, aber ihre Neigungen wechseln häufig. Sie möchte lieber studieren als eine Ausbildung absolvieren.

Schritt 1-3: Wir haben ein stark aspektiertes Horoskop vorliegen, in dem sich sieben Planeten in der unteren Hälfte und jeweils fünf Planeten auf der rechten und linken Hälfte befinden. Die rechte Horoskophälfte scheint durch die Aspektierung jedoch stärker betont zu sein. Auffällig sind die vielen geschlossenen Aspektfiguren.

Die Verteilung der Planeten in den Elementen ist relativ ausgewogen. Die bewegliche Qualität ist mit fünf Planeten besetzt. Hier dürfte sich eine Mischung aus introvertierter, gefühlsbetonter, nicht sehr entscheidungsfreudiger (Steinbock-Mond, Jungfrau-Saturn und Krebs-AC) und aktiver, extravertierter (Widder-Sonne, Löwe-Mars) Persönlichkeit zeigen, die sowohl selbständig als auch als Angestellte (6. Haus) arbeiten könnte.

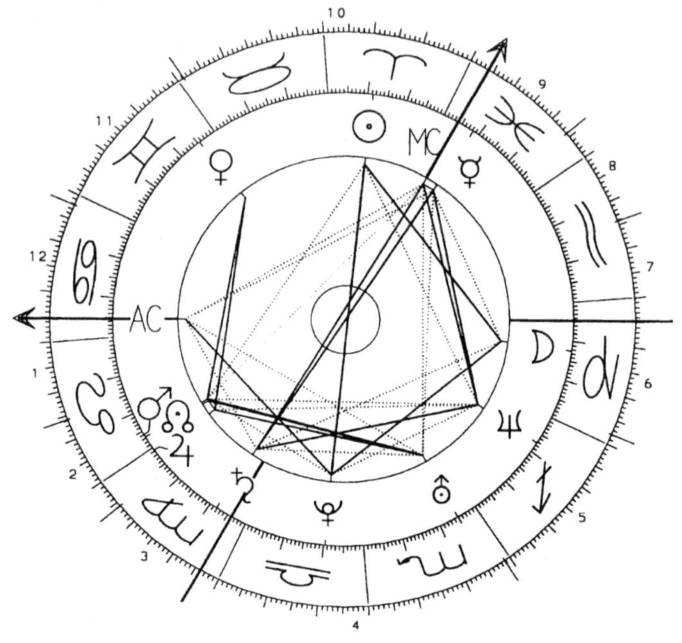

Schritt 4-7: Alle klassischen Berufshäuser sind besetzt. Die Spitze des 2. Hauses fällt in das Zeichen Löwe, dort befindet sich Mars in Konjunktion mit dem aufsteigenden Mondknoten. Hier ist eindeutig der Wille zum Geldverdienen und zur Selbstbestätigung angezeigt. Der stolze Löwe-Mars hat ein Trigon zur Sonne, die im 10. Haus, im eingeschlossenen Zeichen Widder, stark aspektiert ist. Cynthia dürfte begeisterungsfähig, forsch und schöpferisch sein, Interesse an neuen Aufgaben haben und ihre Vorhaben mit Elan in die Tat umsetzen. Dabei könnte sie mitunter energisch und impulsiv vorgehen, denn sie braucht immer wieder Anerkennung und Bestätigung. Wichtig ist eine praktische Tätigkeit mit Engagement.

Die Sonne bildet ein geschlossenes Trigon zu Mars im 2. Haus Löwe und zu Neptun im 5. Haus Schütze sowie ein Quadrat zum Mond, eine Opposition zu Pluto und ein Quincunx zu Saturn.

Mit Sonne Trigon Mars sind natürliche Führungsqualitäten, ein starker Wille, Mut und Entschlossenheit verbunden. Wenn es um das Geldverdienen geht, dürfte Cynthia schwierige Aufgaben als Herausforderung annehmen und ihre Kenntnisse praktisch anwenden können. Sonne Trigon Neptun zeugt von Inspiration, Phantasie und Mitgefühl. Cynthia dürfte ein ausgeprägtes Gespür für die Bedürfnisse anderer Menschen entwickeln und intuitiv erkennen, wann sie was zu tun hat, bzw. wem sie vertrauen kann, wobei sie sich mit Neptun Quadrat Merkur und Saturn auch hin und wieder täuschen dürfte. Mit Einfühlungsvermögen kann Cynthia auf andere Menschen eingehen (Mars Trigon Neptun) und ihre Fähigkeiten unter anderem in der Kunst, Musik (Tanz) oder Religion einsetzen. Die Sonne steht aber auch in Opposition zu Pluto im 4. Haus Waage an der Spitze einer Drachenfigur, da Pluto ein schwaches Sextil zu Mars und Neptun hat. Sonne Opposition Pluto zeugt von großer Impulsivität und der Neigung, etwas erzwingen zu wollen, was sich vorrangig im Beruf und in der Familie zeigen dürfte. Cynthia will „mit dem Kopf durch die Wand“ (Widder Sonne Opposition Pluto), was zu Auseinandersetzungen führen kann. Doch wenn sie auf Widerstand stößt, kann Cynthia auch nachgeben und wieder einlenken (Sonne Trigon Neptun).

Mit Pluto Sextil Mars sind starke unbewusste, aber natürliche Kräfte sowie eine ausgeprägte Regenerationsfähigkeit (z.B. durch Yoga oder Meditation) verbunden. Das Sextil zwischen Pluto und Neptun besteht seit ungefähr 1946 und ist somit ein Generationsaspekt. Da sich Pluto im 4. (Eck-) Haus in starker Aspektierung und an der Spitze der Drachenfigur befindet und Neptun zudem Herrscher des 10. Hauses

Fische ist, wird dieser Aspekt bedeutsam. Pluto im 4. Haus weist auf Liebe zu Natur und Naturschutz sowie auf das Bedürfnis nach der Erforschung des Erdbodens, Interesse an Bodenschätzen oder Mineralien hin. Deshalb könnte Cynthia z.B. auch Geologie studieren.

Es ist zu berücksichtigen, dass Neptun an der Spitze eines veränderlichen T-Quadrates zu Merkur im 9. Haus Fische am MC und zu Saturn im 3. Haus Jungfrau am IC steht und somit auch ein Quadrat zu der MC-IC-Achse bildet. Durch diese Spannungsaspekte gibt es Unklarheiten bei der Berufswahl, denn Neptun, der Herrscher vom MC, steht im Quadrat zu diesem. Neben Unentschlossenheit (auch durch Mars Quincunx MC) können sich falsche Vorstellungen oder Illusionen bezüglich Beruf und Lebensziel bemerkbar machen. Die Neigung zum Ausweichen kann sich durch Flucht in psychosomatische Krankheiten zeigen, die Cynthia phasenweise von der Arbeit fern halten. Cynthia dürfte immer wieder mit unbefriedigenden Arbeitsverhältnissen konfrontiert werden. Mit Neptun Quadrat Merkur besteht auch die Neigung zu Träumerei und ungewollter Unzuverlässigkeit. Mangelnde geistige Objektivität und unklare Gedankengänge erschweren u.a. Cynthias Verständigung mit anderen Menschen.

Neptun im Quadrat zu Saturn am IC weist auf unbewusste Ängste, z.B. vor der eigenen Unzulänglichkeit hin, die als Minderwertigkeitskomplexe erlebt werden können. Deshalb könnte Cynthia sich vor zuviel beruflicher Verantwortung drücken. Sie sollte offen und ehrlich zu ihren Kollegen und Vorgesetzten sein, um nicht in Intrigen verwickelt zu werden, die ihr beruflich schaden würden. Sie sollte sich der Verantwortung stellen und zuverlässig – gemäß ihrer Widder-Sonne im 10. Haus – ihre Aufgaben erfüllen, ohne sich aus Angst (Saturn am IC) in Krankheiten (Mond im 6. Haus) zu flüchten. Mit Merkur Opposition Saturn schließt sich das T-Quadrat. Eine vorsichtig-ängstliche und kritische (Abwehr-

)Haltung dürfte sich hin und wieder bemerkbar machen. Dadurch könnte Cynthia günstige Gelegenheiten verpassen oder gar nicht erkennen.

Der Mond steht im 6. Haus Steinbock. Auch er ist an der Spitze eines T-Quadrates zu Sonne und Pluto und an der Spitze eines harmonischen Dreiecks zu Merkur und Uranus sowie an der Ecke eines weiteren harmonischen Dreiecks zu Saturn und Uranus.

Die Schlüsselplaneten für die Berufswahl sind Neptun als Herrscher vom Fische-MC und der Mond als Herrscher des Krebs-AC im 6. Haus. Beide sind sowohl an harmonischen als auch an spannungsreichen Aspektfiguren beteiligt.

Mond im Quadrat zur Sonne lässt auf mangelnde Ausgeglichenheit schließen, da die Widder-Sonne nach dem Motto „ich mache, was ich will" handelt, der Steinbock-Mond sich aber den Konventionen anpasst. Gefühlsmäßige Unsicherheit kann den Ausdruck der Persönlichkeit hemmen. Cynthia dürfte sich innerhalb der Familie nicht richtig entfalten können. Mit Mond Quadrat Pluto duldet sie keine Einmischung seitens anderer und will sich nicht bevormunden lassen. Dieser Aspekt weist auf intensive Gefühle und das Bedürfnis zu drastischen Veränderungen im Leben hin. Cynthia neigt dazu, Gefühle oder Beziehungen zu erzwingen. Mit ihrem Steinbock-Mond dürfte sie zurückhaltend und vorsichtig sein, da sie sehr empfindlich auf Kritik bzw. persönliche Zurücksetzung reagiert. Für ihr seelisches Wohl braucht sie berufliche Bestätigung durch materielle Werte und persönliche Geltung. Der Mond im 6. Haus zeigt einerseits eine gefühlsmäßige Einstellung zur Arbeit an, und andererseits die Fähigkeit, sich an Notwendigkeiten anzupassen (Steinbock), die mit dem Schwanken zwischen dem, was man selbst will und was andere von einem erwarten (Widder-Sonne Quadrat Steinbock-Mond), verbunden ist. Auch Cynthias Gesundheit wird durch ihr Gefühlsleben beeinflusst. Es besteht die Tendenz, dass sie ihren Job als Angestellte häufiger wechseln wird.

Da der Mond Sextile zu Merkur und Uranus hat, sollte Cynthia ihre gefühlsmäßigen Spannungen lösen, indem sie ihren gesunden Menschenverstand einsetzt (Mond-Merkur und Mond/Saturn-Trigon) und ihre Gedanken tatsächlich in die Tat umsetzt. Verstand und Gefühl können in Einklang gebracht werden, deshalb sollte Cynthia ihre Intuition stärker zum Zuge kommen lassen (Mond-Uranus) und Gelegenheiten spontan wahrnehmen. Sie besitzt Organisationstalent und kann mit Ausdauer, Geduld und Zuverlässigkeit ihre Ziele erreichen, wobei sich eine eher konservative, aber disziplinierte Einstellung (Steinbock-Mond Trigon Jungfrau-Saturn) bemerkbar machen dürfte. Cynthia legt großen Wert auf Sicherheit und könnte recht geschäftstüchtig sein, was Mars im 2. Haus Löwe verstärkt. Mit Saturn am IC und im Sextil zu Uranus kurz vor dem 5. Haus Skorpion dürfte Cynthia ihre Pflichten bewusst erfüllen und ihre originellen Ideen systematisch und praktisch umsetzen können.

Sehen wir uns nun das 10. Haus an, in dem sich die ehrgeizige Widder-Sonne befindet. Merkur steht im 9. Haus in Konjunktion mit dem Fische-MC. Auch er ist an mehreren geschlossenen Aspektfiguren beteiligt, die wir schon analysiert haben. Mit Merkur am MC sollte Cynthia eine gute Ausbildung erhalten und Fremdsprachen lernen (Merkur im 9. Haus), was ihr einerseits leicht fallen dürfte und ihr andererseits die Möglichkeit zu Auslandsaufenthalten oder Studienreisen bietet.

Cynthia könnte durchaus studieren. Allerdings sind Selbstdisziplin, Ausdauer und eine positive Einstellung erforderlich (Merkur/Saturn-Opposition). Da sich Saturn am IC im 3. Haus Jungfrau in Opposition zum MC, aber im Sextil zum AC befindet, sollte Cynthia private und berufliche Interessen besser aufeinander abstimmen, aufgeschlossen für

Kommunikation und neue Eindrücke sein und sich bei ihren Entscheidungen mehr auf ihre Intuition als auf ihren Verstand verlassen (Merkur Opposition Saturn, Merkur Trigon Uranus und Saturn Sextil Uranus). Cynthia dürfte originelle Ideen und naturwissenschaftliches Verständnis haben (Merkur Trigon Uranus) und die universellen Zusammenhänge intuitiv erfassen. Merkur Quincunx Pluto kündigt jedoch Entscheidungsschwierigkeiten im Alltag an, die über Uranus durch mehr Spontaneität gelöst werden können, indem Cynthia lockerer wird und ihrer inneren Stimme vertraut (Sonne Trigon Neptun).

Jupiter ist der Mitherrscher des MC. Er steht kurz vor dem 3. Haus Jungfrau in Konjunktion mit Mars und dem aufsteigenden Mondknoten und im Quadrat zu Venus und Uranus. Cynthias Entfaltung und Sinnfindung findet im Bereich der Kommunikation statt, wobei sie mit dem Jungfrau-Jupiter entweder pingelig sein könnte oder aufgrund der spannungsreichen Aspektierung zur Nachlässigkeit tendiert. Durch Jupiter Quadrat Venus ist die Neigung zu Eitelkeit und Bequemlichkeit angezeigt. Möglicherweise hält Cynthia vieles für selbstverständlich, reagiert dazu recht impulsiv und kann sich schnell für Ideen begeistern, die sie dann genauso schnell wieder fallen lässt (Mars, Jupiter und Mondknoten im Quadrat zu Uranus). Ihre innere Unruhe kann sich in dem Wunsch nach Abenteuer, Abwechslung und Reisen äußern. Mit Mars Konjunktion Jupiter kann sich Cynthia voll und ganz für ihre Vorhaben einsetzen und Vertrauen in ihre Handlungen gewinnen, da sie begeisterungsfähig und überzeugt davon ist, ihre Ziele, die durchaus gewinnbringend sein können, mit Einsatzbereitschaft zu erreichen.

Was ist Cynthia zu empfehlen?

Cynthia dürfte diszipliniert lernen (6. Haus mit Steinbock-Mond, Jungfrau-Saturn im 3. Haus) und sich an die gegebenen gesellschaftlichen Normen, wenn auch widerwillig (Widder-Sonne), anpassen können (Steinbock Mond in 6). Aber sie dürfte auch ein Spätzünder sein und erst in der zweiten Lebenshälfte zu ihrer wahren Berufung finden. Mit Fische-MC, Krebs-AC und Mond im 6. Haus braucht Cynthia einen Beruf, der Einfühlungsvermögen und Intuition erfordert und mit Dienstleistungen verbunden ist. Sie müsste sich aktiv einsetzen können, öffentliche Anerkennung bekommen (Widder-Sonne im 10. Haus) und gefühlsmäßig in ihrer Tätigkeit „aufgehen" (Mond in 6). Cynthia könnte als Angestellte (6. Haus) oder selbständig als ihre eigene Chefin (Widder-Sonne im 10. Haus) in einem Beruf arbeiten, der sowohl praktische Fähigkeiten (Widder-Sonne und Jungfrau-Saturn) als auch spezielles Wissen oder ein Studium erfordert (Merkur in 9 am MC).

Da Saturn im Erdzeichen Jungfrau am IC stark gestellt ist, könnte Cynthia durchaus Architektur bzw. Innenarchitektur studieren. Mit Saturn am IC im Sextil zu Uranus im 5. Haus Skorpion dürfte sie ihre originellen Ideen kreativ, systematisch und praktisch umsetzen können, wobei Phantasie, Intuition und Einfühlungsvermögen (Mond Sextil Uranus) zum Einsatz kommen. Cynthia hat ein Gefühl für die Bedürfnisse anderer Menschen (Sonne Trigon Neptun) und die Fähigkeit, den Trend der Zeit zu erkennen (Merkur Trigon Uranus und Sextil Mond).

Sie kann Ihre Ideen gut verkaufen (Merkur Trigon AC), wird hin und wieder zu Extravaganzen neigen, dabei aber immer den Nützlichkeitsaspekt berücksichtigen (Jungfrau-Saturn am IC). Mit der Widder-Sonne im 10. Haus könnte Cynthia auch für Behörden oder staatliche Einrichtungen tätig werden und als Innenarchitektin z.B. öffentliche Gebäude (Kindergärten, Heime usw.) einrichten oder ausstatten.

Cynthia könnte sich ihren Berufswunsch durchaus erfüllen, wenn sie diszipliniert und ausdauernd tätig ist. Ob sie einmal selbständig oder als Angestellte arbeitet, wird sich im Laufe der Zeit herausstellen.

Dora: Verwaltungsangestellte

Dora kam zur Beratung, weil sie als Verwaltungsangestellte an einer Universität mit ihrer Tätigkeit total unzufrieden war und hoffte, jetzt die Lösung für ihr Problem zu finden. Sie war in der Erwartung gekommen, dass ich ihr bestätigte, sie habe den falschen Beruf gewählt und dass sie sich eine andere Stelle suchen sollte, bzw. sich zu einer weiteren Aus- oder Fortbildung entschließen müsste.

Schritt 1-3: Wir haben ein recht spannungsreich aspektiertes Horoskop vorliegen. Die obere Hälfte ist mit sechs Planeten besetzt. Davon befinden sich drei Planeten im 9. Haus Skorpion. Linke und rechte Hälfte enthalten jeweils fünf Planeten. In den Wasserzeichen und in der fixen Qualität befinden sich ebenfalls je fünf Planeten; in den weiblichen Zeichen stehen sechs Planeten.

Wir haben es mit einer gefühlsbetonten, hartnäckigen Persönlichkeit zu tun, die Kontakt zu ihren Mitmenschen braucht, sich selbst jedoch eher abwartend verhält, bevor sie auf andere zugeht. Sie könnte sowohl im Team als auch allein arbeiten.

Dora müsste sich gefühlsmäßig mit ihrer Tätigkeit identifizieren (Wasser). Da sie jedoch Schwierigkeiten hat, sich auf neue Situationen einzustellen (fixe Qualität), sollte sie versuchen, nicht zu stark an alt bewährtem festzuhalten, sondern

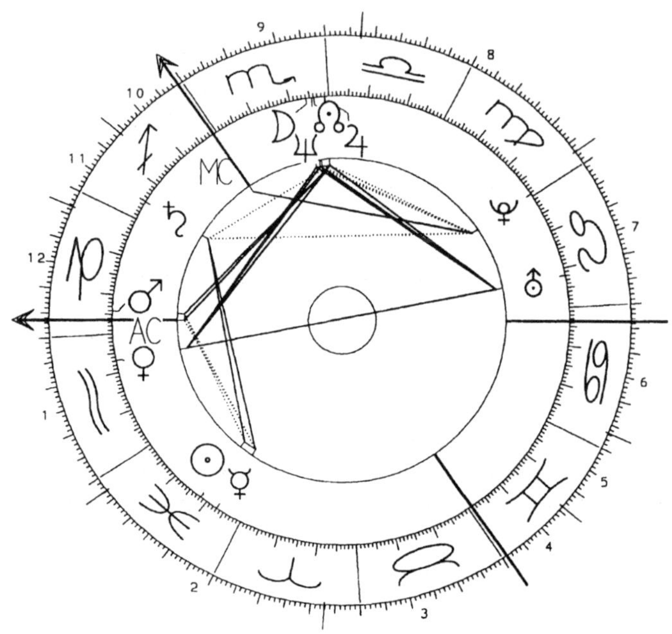

flexibler, aufgeschlossener und aktiver an die Verwirklichung ihrer Ziele herangehen.

Schritt 4-5: Von den klassischen Berufshäusern 2-6-10 ist nur das 2. Haus Fische mit Sonne Konjunktion Merkur besetzt, die im Sextil zu Mars am Steinbock-AC und im Quadrat zu Saturn im 11. Haus Schütze steht. Dora dürfte großen Wert auf ein eigenes Einkommen legen, um finanziell unabhängig zu sein. Sie braucht eine Tätigkeit, bei der Phantasie, Mitgefühl und Hilfsbereitschaft gefragt sind und bei der sie sich für andere einsetzen kann, um ihre Fische-Sonne entfalten zu können. Im Bereich des 2. Hauses, des Gelderdienens, ist Kreativität und Geschäftstüchtigkeit in Verbindung mit sozialen und psychologischen Themen zu erwarten.

Sonne-Merkur im Sextil zu Mars und AC zeugen von Unternehmungslust, Initiative und der Fähigkeit, Ziele realisieren und sich durchsetzen zu können. Nächstenliebe und Mitgefühl spielen eine wichtige Rolle. Durch den Steinbock-Mars am AC gesellen sich zu diesen Eigenschaften Zuverlässigkeit und anhaltender Arbeitseinsatz sowie Pflichtbewusstsein und Verantwortungsgefühl.

Das Sextil von Sonne-Mars zeigt Mut und Kraft, Aktionsbereitschaft und einen starken Willen an. Dora will sich für lohnende Ziele einsetzen; sie hat einen ausgeprägten Sinn für Gerechtigkeit, kann neue Projekte in die Wege leiten und umsetzen, denn sie verfügt über die Möglichkeit, zu tiefen und klaren Einsichten zu kommen.

Mit Sonne und Merkur im 2. Haus im Quadrat zu Saturn in Haus 11 wird ihr jedoch nichts geschenkt. Sie muss hart und diszipliniert für alles arbeiten, denn es werden auf ihrem Weg immer wieder Hindernisse auftreten, die durch Disziplin und Ausdauer überwunden werden können. Allerdings neigt Dora mit dieser Konstellation aufgrund von Enttäuschungen auch zu Frust und Pessimismus. Sie sollte sich nicht so viele Sorgen machen, fröhlicher werden und alles etwas optimistischer betrachten.

Mitunter beschäftigt sich Dora vielleicht mit unwesentlichen Dingen und schränkt sich selbst in ihrem Denken ein (Merkur Quadrat Saturn). Diese Konstellation weist unter anderem auf eine strenge Erziehung, Angst vor Veränderungen oder vor der eigenen Unzulänglichkeit hin. Dadurch dürfte Doras Selbstvertrauen auch nicht sehr groß sein. Durch Steinbock-AC Konjunktion Mars besitzt Dora Kraft und Ausdauer. Wenn sie sich etwas vorgenommen hat, lässt sie sich nicht so schnell davon abbringen. Mit Fische-Merkur Sextil AC kann sich Dora gut und einfühlsam – wenn auch nicht immer unmissverständlich (Merkur Quadrat Saturn) – mit anderen verständigen und Unterstützung für anerkannte

Projekte bekommen. Aber sie sollte nicht zu viel erwarten, denn Jupiter steht im Quadrat auf die AC/DC-Achse.

Schritt 6-7: Neptun als Herrscher des 2. Hauses steht im 9. Haus in Konjunktion zu Mond, Jupiter, Mondknoten und an der Spitze eines T-Quadrates: Inspiration, Einfühlungsvermögen Interesse an Religion, höherer (Weiter-)Bildung, Yoga, Meditation und fremden Kulturen sowie die starke Beeindruckbarkeit durch diese Themen kommen hier zum Ausdruck. Dora sollte versuchen, zwischen echten geistigen Führern und Scharlatanen zu differenzieren und sich keinen Illusionen hingeben. Mit Mond Konjunktion Neptun-Jupiter-Mondknoten dürfte sie mitfühlend und verständnisvoll, aber auch sehr stimmungsabhängig sein. Ihr Idealismus und ihre ausgeprägte Vorstellung in Kunst und Musik machen sich durch Jupiter Konjunktion Neptun bemerkbar. Dora tendiert dazu, sich in ihrer Phantasiewelt zu verlieren, dürfte aber in bester Absicht handeln, da sie nur Gutes tun möchte. Deshalb sollte sie sich z.B. im sozialen Bereich oder in der Wohlfahrt engagieren.

Sie neigt allerdings auch dazu, den Weg des geringsten Widerstandes zu gehen, sich den sozialen Strömungen anzupassen, sich darauf einzustellen und diese zu ihren Gunsten zu nutzen (Mond-Mondknoten). Das macht sie einerseits beliebt – mitunter aber auch zu unkritisch. Sollte ihre Entwicklung schnell und reibungslos verlaufen, besteht die Gefahr, dass leicht Erworbenes als selbstverständlich betrachtet wird (Jupiter-Mondknoten). Das Stellium im 9. Haus Skorpion ist spannungsreich zu Venus im 1. Haus Wassermann und Uranus im 7. Haus Löwe aspektiert: Dora ist sehr impulsiv in ihren Gefühlen, sie möchte sich nicht festlegen, kann sich spontan für etwas begeistern, doch am nächsten Tag ist das Strohfeuer schon wieder vorüber. Hier spielen Nähe und Distanz eine wichtige Rolle. Einerseits ist der Wunsch nach originellen Bekanntschaften (Venus Opposition Uranus im 7.

Haus) vorhanden – andererseits möchte sie einschränkende Beziehungen vermeiden. Hinzu kommt Mond-Neptun Quadrat Venus, mit dem Dora keine klaren Grenzen zwischen Liebe und Freundschaft ziehen kann. Möglicherweise verschenkt sie ihre Zuneigung wahllos oder lässt sich leicht durch Freundlichkeit beeindrucken. Sie neigt dazu, Liebesbeziehungen zu idealisieren, da ihr Wunsch nach Romantik sehr ausgeprägt ist. Das T-Quadrat kann sowohl Sucht- als auch Fluchttendenzen anzeigen, denn mit Mond/Neptun-Quadrat Venus besteht einerseits die Sucht nach Liebe, andererseits aber auch die Flucht vor intensiven Gefühlen und festen Beziehungen (Venus Opposition Uranus und Quadrat zu Mond, Jupiter, Neptun und Mondknoten).

Dora hat künstlerisches und ästhetisches Empfinden, ist übersensibel und neigt zur Bequemlichkeit (Jupiter Quadrat Venus). Ihre Wut auf andere (Mars Quadrat Jupiter) überspielt sie möglicherweise mit vorgetäuschter Freundlichkeit (Venus im Quadrat zu Mond, Jupiter, Neptun und Mondknoten). Dennoch dürfte Dora ihr Leben an ethisch-moralischen Grundsätzen orientieren (starke Besetzung von Haus 9). Für ihre Entfaltung sind höhere Bildung, geistige Horizonterweiterung und Aufgeschlossenheit für fremde Kulturen wichtig (Jupiter in 9).

Umfassendes Lebens- und Weltverständnis, Interesse für Okkultismus, Astrologie und Meditation sowie Willenskraft, gute Regenerationsfähigkeit (Jupiter im Skorpion) und Ausdauer Saturn (Herrscher vom AC) Trigon Pluto tragen dazu bei, dass Dora hart für ihr Ziel arbeiten und grundlegende Veränderungen in ihrem eigenen sowie im Leben anderer herbeiführen kann. Da Saturn im 11. und Pluto im 8. Haus steht, könnte sie auch mit Gruppen arbeiten und Gleichgesinnten ihre Erkenntnisse weitergeben, zumal Pluto durch Sextile mit Jupiter, Herrscher vom MC, Mond, Neptun und Mondknoten im 9. Haus verbunden ist. Wenn Dora ihren starken Willen mit ihren tiefgreifenden Gefühlen (Mond-Pluto) verbindet, kann sie geistige Erneuerung z.B. durch Meditation erfahren und bessere menschliche Bedingungen im Bereich des 9. Hauses – also unter anderem auch an Universitäten – schaffen (Jupiter-Pluto) sowie zur Veränderung der sozialen Strömungen (Pluto-Mondknoten) beitragen.

Soll Dora sich eine neue Stelle suchen?

Ich konnte Doras Erwartungen nicht entsprechen, sondern versuchte, ihr anhand ihrer Konstellationen darzulegen, dass sie eigentlich den richtigen Beruf gewählt hatte. Auch ihr Umfeld, die Tätigkeit an der Universität, stimmte im Großen und Ganzen.

Ich riet ihr, sich vorläufig mit der Entwicklung ihrer ganz persönlichen Interessen, z.B. mit Meditation zu beschäftigen, um innerlich ausgeglichener und ruhiger zu werden, und alles auf sich zukommen zu lassen, da ein Wechsel anhand der Solar-Konstellationen momentan nicht ratsam wäre.

Dora war etwas enttäuscht vom Ergebnis der Beratung, doch sie konnte sich nun intensiv und konkret um ihre geistige und persönliche Entwicklung kümmern. Nach einigen Monaten teilte sie mir mit, dass sie sich in ein Meditationszentrum begeben hatte und sie sich wesentlich besser fühlte. Inzwischen war ihr auch klar geworden, weshalb sie zu dem Zeitpunkt der Beratung keine andere Auskunft bekommen konnte.

Als Dora zur Beratung kam, befand sich der laufende Pluto exakt auf ihrem MC. Der Jupiter-Transit löste das Quadrat zur MC/IC-Achse und wenig später die Konjunktion mit der Venus sowie die Opposition zu Uranus aus.

Die Forderung nach beruflichen Umwälzungen (Pluto am MC) und übertriebene oder unrealistische Erwartungen im

Hinblick auf ihre Lebensziele (Jupiter Quadrat MC/IC) machten sich zu jenem Zeitpunkt deutlich bemerkbar.

Erik: PC-Koordinator

Erik ist Angestellter in einem namhaften Unternehmen der Stahlbauindustrie. Als PC-Koordinator ist er als Dienstleister mit der Betreuung und Beratung im Bereich Hard- und Software beauftragt. Vor seiner Ausbildung als Wirtschaftsinformatiker war er Bundeswehrsoldat; nach der Ausbildung hat er sich zum Computerspezialisten fortgebildet.

Erik kam mit der Frage nach seiner Berufung zur Beratung, denn er ist sich nicht sicher, ob er beruflich das Richtige macht. Erik beschäftigt sich auch in seiner Freizeit intensiv mit Computertechnik, aber er interessiert sich ebenfalls für Esoterik, insbesondere für Astrologie und Tarot sowie für Science Fiction.

Schritt 1-3: In diesem Horoskop befinden sich acht Planeten auf der linken und zwei auf der rechten Hälfte; sieben Planeten stehen in der oberen, drei in der unteren Hälfte, wobei besonders die Ballung der Planeten Merkur, Venus und Neptun am MC und im 4. Quadranten auffällt.

Wasser- und Erdelement sind mit 4 bzw. 3 Planeten besetzt, das Luftelement nur mit Jupiter. Insofern haben wir eine Betonung der weiblichen Zeichen mit 7 Planeten.

Erik dürfte sowohl extravertiert (Widder, Schütze, Wassermann) als auch introvertiert (Skorpion, Steinbock) sein und großen Wert auf Resonanz von außen sowie auf seine Karriere legen. Er könnte selbständig und eigenverantwortlich arbeiten, wobei praktische Fähigkeiten und seelische Interessen im Vordergrund stehen.

Schritt 4: Beginnen wir mit dem 2. Haus, an dessen Spitze Jupiter im Wassermann steht, der an einem harmonischen

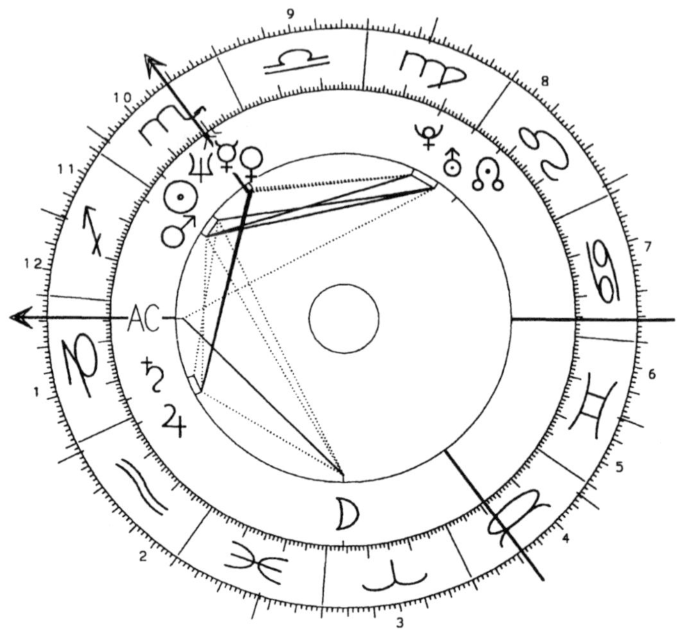

Dreieck (Jupiter Sextil Mars, Sextil Mond und Mond Trigon Mars) beteiligt ist.

Jupiter im 2. Haus Wassermann lässt auf eine glückliche Hand mit den Finanzen, auf Großzügigkeit und Idealismus sowie auf eine unkonventionelle Einstellung (Wassermann-Jupiter) in finanziellen Angelegenheiten schließen. Das heißt, Erik könnte z.B. mit einer abwechslungsreichen Tätigkeit im humanitären Bereich oder in der elektronischen Datenverarbeitung (EDV), also in der Computerbranche, Geld verdienen. Durch Mond Sextil Jupiter sind Geschäftstüchtigkeit (2. Haus) und gute Möglichkeiten für seinen beruflichen und sozialen Aufstieg gegeben, wobei Kommunikation und kurze (Geschäfts-)Reisen eine Rolle spielen, da der Mond im 3. Haus Widder steht. Erik dürfte Veränderungen gegenüber aufgeschlossen sein und Abwechslung im Alltag Routinearbeiten vorziehen. Allerdings müsste er sich mit dem mangelnden Luftelement gedanklich erst auf neue Situationen einstellen, sofern der Widder-Mond nicht spontan davon begeistert ist. Mit Jupiter Sextil Mars im 11. Haus Schütze dürfte Erik tatkräftig und entschlussfreudig sein, gut mit Geld umgehen und sich in Gruppen durchsetzen können. Diese harmonische Aspektfigur schließt sich mit Mars Konjunktion Sonne Trigon Mond: Erik dürfte seine Führungsqualitäten unternehmungslustig und voller Tatendrang einsetzen und alles realisieren können, was er sich vorgenommen hat (Skorpion-Sonne, Schütze-Mars), was durch das Trigon zum Mond noch verstärkt wird. Mitunter könnte er recht impulsiv (Mars-Sonne Quadrat Uranus im 8. Haus) reagieren, zumal der Schütze-Mars im 11. Haus auch dazu beiträgt, dass Erik die Welt verbessern und tonangebend sein will, weil er der Überzeugung ist, für eine gerechte Sache zu kämpfen (Mond Trigon Mars; Mars Quadrat Uranus).

Konzentrieren wir uns nun auf das 10. Haus, da das 6. Haus nicht besetzt ist, und Jupiter auch ein Quadrat zu Merkur, Venus und Neptun am Skorpion-MC aufweist. Diese Spannungsaspekte zeigen eine Tendenz zur Selbstüberschätzung an. Nicht ausgereifte Ideen und mehr zu versprechen als man halten kann (Jupiter-Merkur), Eitelkeit (Jupiter-Venus), die Neigung zu falschen Vorstellungen und der Wunsch nach faszinierenden Erlebnissen (Jupiter-Neptun) sowie zu hohe berufliche Erwartungen (Jupiter-MC) machen sich bemerkbar. Möglicherweise neigt Erik dazu, zu hohe Ansprüche in beruflicher und familiärer Hinsicht zu haben und mehr zu erwarten, als er selbst geben kann (Jupiter Quadrat MC-IC). Vielleicht ist er aber auch nur unzufrieden, wenn er berufliche und häusliche Angelegenheiten nicht immer koordinieren kann.

Merkur, Venus und Neptun am Skorpion-MC weisen auf einen scharfen Verstand, Forscherdrang, auf tiefgründige, leicht verletzbare Gefühle, aber auch auf idealistische oder unklare Lebensziele hin. Feinfühligkeit, ein gutes Gespür für andere, sowie die Neigung, den Dingen auf den Grund zu gehen, schöpferische Phantasie, aber auch ein Hang zu Selbsttäuschung oder unkontrollierten Impulsen können hierdurch auftreten (Merkur, Venus, Neptun). Dennoch weist diese Konjunktion sowohl auf den Drang zum Reden als auch auf Redegewandtheit und subtile Umgangsformen, z.B. mit Vorgesetzten und einflussreichen Personen oder bei gesellschaftlichen Anlässen hin (auch Pluto Sextil MC, Merkur, Venus und Neptun). Erik dürfte spüren, wie er sich am besten Gehör verschaffen kann, auch wenn er sich mitunter täuscht, denn er müsste eine einfühlsame, aber treffende Ausdrucksweise haben (Merkur-Venus im Skorpion) und sich in Wort und Schrift gut artikulieren können. Mit diesen Konstellationen wäre auch ein Beruf denkbar, in dem Erik sprachlich gefordert wird, Vorträge hält, Reden oder Berichte verfasst, ohne sich selbst zu überschätzen, und anderen weder zuviel verspricht noch zuviel von ihnen erwartet (Merkur, Venus, Neptun und MC Quadrat Jupiter).

Erik kann Zusammenhänge und Beziehungen gut erfassen (Merkur Konjunktion Venus im Skorpion), denn er besitzt mathematische und naturwissenschaftliche Fähigkeiten. Lebhafte Phantasie, Inspiration und Interesse an mystischen und psychologischen Themen sowie Ahnungen, schöpferische Begabung und literarische Fähigkeiten werden durch Merkur, Venus und Neptun begünstigt.

Die Betonung des 10. Hauses Skorpion zeugt von dem Wunsch nach höherer Bildung und beruflichem Ehrgeiz (Skorpion-Merkur), die z.B. bei einer wissenschaftlichen oder kommunikativen Tätigkeit (Merkur, Venus, Neptun) eingesetzt werden könnten. Da sich Neptun gradgenau am MC befindet, ist einerseits der Hinweis auf unklare oder schwankende Vorstellungen in Bezug auf Eriks Lebensziel, andererseits auch auf einen ungewöhnlichen Beruf gegeben, wobei der Geborene mitunter dazu tendiert, sich der beruflichen Verantwortung zu entziehen. Im besten Fall könnte er sich zu einer geistigen Führungskraft entwickeln, sofern er fair und ehrlich bleibt, wozu die Jupiter/Saturn-Konjunktion in Wassermann und Steinbock beitragen dürfte. Dieser Aspekt sowie der Steinbock-AC sorgen für eine ernsthafte Lebenseinstellung und die Fähigkeit, persönliche und finanzielle Schwierigkeiten zu bewältigen. Jupiter möchte expandieren, Saturn hält ihn zurück, d.h. Erik dürfte leichtsinnige Geldausgaben vermeiden und bei zu optimistischer Handhabung von Projekten durch Saturn wieder auf den Boden der Tatsachen zurückkommen, so dass er diszipliniert an die Umsetzung seiner Vorhaben herangehen kann und seinen Lohn dafür bekommt, was durch Sonne Sextil Saturn bestätigt wird.

Wir dürfen jedoch nicht übersehen, dass die Konjunktion von Merkur, Venus und Neptun am MC auch in Opposition – also in Spannung – zum IC steht und ein Sextil zum Jungfrau-Pluto im 8. Haus hat: Erik dürfte Beruf und Familie nicht immer unter einen Hut bringen können und Zweifel haben, ob er alles richtig macht, was zu Unzufriedenheit führt. Eriks Interesse an Wissenschaft und Forschung, seine Beschäftigung mit dem Übersinnlichen und der Karmatheorie sowie mit den Themen Tod und Wiedergeburt, Stirb und Werde und mit gemeinsamen Werten haben einen großen Stellenwert in seinem Leben (Skorpionbetonung und Sextil zu Pluto im 8. Haus; Uranus und aufsteigender Mondknoten in 8). Erik engagiert sich mit Überzeugungskraft und Redegewandtheit für seine Ideale. Dabei können phasenweise auftretende Wutausbrüche, Rücksichtslosigkeit und die Überwindung der eigenen Schwierigkeiten auf Kosten anderer auf das Quadrat vom Schütze-Mars zu Pluto und Uranus im 8.

Haus Jungfrau zurückzuführen sein, was nicht gerade förderlich für Erik ist. Deshalb sollte er versuchen, seine Kämpfernatur (Skorpion-Sonne und Schütze-Mars) nicht zu energiegeladen und nachhaltig auszuleben und sich nicht unmittelbar angegriffen fühlen, wenn jemand anderer Meinung ist.

Schritt 5-6: Die Skorpion-Sonne im 11. Haus hat ein Sextil zu Saturn im 1. Haus Steinbock als Herrscher des AC und eine Konjunktion mit Mars im Schützen. Beide bilden ein Quadrat zu Uranus im 8. Haus Jungfrau und ein Trigon zum Mond im 3. Haus Widder. Mit Leidenschaft und Begeisterung (Skorpion-Sonne, Schütze-Mars) dürfte sich Erik in Gruppen engagieren (Sonne und Mars in 11). Seine organisatorischen Fähigkeiten, praktisches und methodisches Handeln (Sonne Sextil Steinbock-Saturn) finden in Interessensgemeinschaften, mit Freunden oder Gleichgesinnten ihren Ausdruck.

Erik kann durchaus viel Geduld und Selbstdisziplin aufbringen (AC und Saturn im Steinbock, Sonne Sextil Saturn), wenn er etwas erreichen will. Er dürfte in der Lage sein, mit hartem, ausdauerndem Arbeitseinsatz seine ehrgeizigen Ziele in die Tat umzusetzen und Verantwortung im größeren Rahmen zu übernehmen. Seine Lebensaufgabe (Sonne) findet er im Bereich des 11. Hauses: Gruppenarbeit, wissenschaftliche, okkulte Forschungen oder Reformen und Erfindungen könnten sein Metier sein. Schöpferische geistige Leistungen sind für Erik von Bedeutung, aber er würde sich mit Sonne Sextil Saturn weniger auf Experimente einlassen, da er sich lieber an Bewährtem orientiert und das möglicherweise weiterentwickelt.

Auch wenn Sonne und Mars im Quadrat zu Uranus in Haus 8 in Jungfrau stehen, was zu Sprunghaftigkeit, Ungeduld, exzentrischem Verhalten und plötzlichen, nicht immer nachvollziehbaren Handlungen führt, dürften der Steinbock-AC und Saturn Sextil Sonne eine kontinuierliche Arbeitsweise bei Erik unterstützen. Allerdings könnte er phasenweise zwischen Freiheitsdrang und Pflichterfüllung, Neuem und Altem, ausbrechen wollen und zwischen der notwendigen Anpassung hin- und hergezogen sein, was zu einer enormen inneren Unruhe führen dürfte. Uranus Quincunx Jupiter verstärkt diese Schwankungen genauso wie Eriks Entscheidungsschwierigkeiten.

Hat Erik den richtigen Beruf?

Für Erik sind Beruf und Karriere sehr wichtig (4. Quadrant und starke Aspektierung des MC). Er braucht eine Arbeit, für die er sich engagieren kann. Nach seiner Soldatenzeit (Schütze-Mars Trigon Widder-Mond Sextil Jupiter) hat er sein Hobby zum Beruf gemacht (Venus als Herrin vom 5. Haus Stier am MC). Er ist seit vielen Jahren in seinem Beruf tätig, zweifelt aber immer noch daran, seine/n wahre/n Beruf/ung gefunden zu haben, was auf die Skorpion-Betonung und die Planetenballung von Merkur, Venus und Neptun am MC Skorpion in Opposition zum Stier-IC zurückzuführen ist. Erik ist nach außen eine sehr zurückhaltende, ruhige Persönlichkeit (Steinbock-AC und Steinbock-Saturn im 1. Haus), die jedoch Kontakt zu ihren Mitmenschen (obere Hälfte) braucht. Wenn Erik geistig gefordert wird (Merkur, Venus, Neptun und MC im Skorpion), sich unterhalten und „seinen Kopf durchsetzen“ kann (Widder-Mond in 3), fühlt er sich wohl. Er braucht ein eigenes Aufgabenfeld und möchte sich in Gruppen entfalten (Sonne-Mars in 11). Erik hat spontane Ideen, liebt die Abwechslung und möchte in seinem Bereich neue Methoden anwenden (Sonne-Mars Quadrat Uranus von 11 zu 8), was ihm nicht immer so gelingen dürfte wie er sich das vorstellt, denn er sollte mit plötzlichen (finanziellen) Veränderungen rechnen. (Uranus in 8 und im Quincunx zu Jupiter in 2). Erik kann seine Mitmenschen begeistern, sie von seinen Idealen überzeugen und Unterstützung bekommen, was sich auch in kleineren Gruppen zeigen dürfte (Mondknoten und Uranus in 8; Uranus Trigon AC).

Erik müsste eigentlich mit seiner Berufswahl zufrieden sein, denn er hat seine Aufstiegschancen genutzt und übt zur Zeit als EDV-Leiter Managementtätigkeiten mit Schwerpunkt Beratung aus, die auch kurze Geschäftsreisen erforderlich machen.

Darüber hinaus beschäftigt sich Erik intensiv mit Astrologie (Uranus und Pluto in 8, Sonne Quadrat Uranus, Pluto Sextil zu der Skorpion-Besetzung und MC). Er hat eine Ausbildung zum Astrologen begonnen und möchte dieses Wissen später beruflich einsetzen, indem er beispielsweise für Firmen Arbeitsteams nach astrologischen Kriterien zusammenstellt – mit der Zielsetzung, die Betriebsabläufe zu optimieren.

Frank: Tischler

Frank hat eine Lehre als Tischler absolviert und ist zur Zeit für eine Firma tätig, die Zeitarbeitskräfte für Montagearbeiten vermittelt. Er kam zur Beratung, um zu erfahren, welche beruflichen Möglichkeiten er hat, bzw. was er außer seiner jetzigen Arbeit noch machen könnte, denn er möchte nicht ständig unterwegs sein. Da er mit Gleichaltrigen und Vorgesetzten hin und wieder Ärger hat, aber gut mit älteren Menschen zurecht kommt, konnte er sich vorstellen, in die Altenpflege zu gehen.

Frank hatte eine schwere Jugend. Er ist bei seiner Mutter, dem Stiefvater und den Großeltern aufgewachsen. Die Mutter hat zu ihrem Ehemann gehalten, der mitunter gewalttätig wurde und Frank schlug. Da sich Frank nicht anders zu wehren wusste, als zurückzuschlagen, zog er schließlich aus und lebte allein. Inzwischen hat sich das Verhältnis zur Mutter gebessert, die ihn teilweise auch finanziell unterstützt. Nach

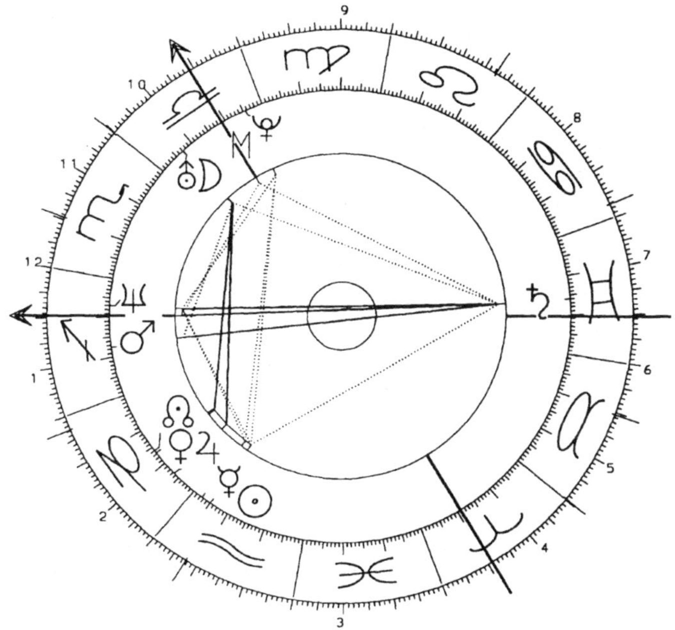

einer Phase von mehreren Selbstmordversuchen mit anschließender Therapie ist Frank gereift und steht auf eigenen Füßen. Er hat einen Job, ein geregeltes Einkommen und will eine Ausbildung als Altenpfleger beginnen.

Schritt 1-3: In Franks Horoskop befinden sich acht Planeten auf der linken und jeweils fünf Planeten in der oberen und unteren Hälfte. Das Element Luft ist mit sechs, das Element Wasser mit keinem Planeten besetzt. Fünf Planeten stehen in der kardinalen Qualität, die Besetzung der männlichen Zeichen überwiegt mit acht Planeten. Es fällt auf, dass der 1. Quadrant betont ist.

Wir haben es hier also mit einer ich-bezogenen Persönlichkeit zu tun, die sehr viel Anerkennung braucht (2. Haus), eigenständig arbeiten möchte und keine Einmischung seitens anderer mag. Frank wird immer versuchen, selbst zu handeln und die Initiative zu ergreifen (kardinale Zeichen).

Schritt 4-5: Von den Berufshäusern ist das 2. Haus stark besetzt. Die Spitze fällt in das Zeichen Steinbock, Saturn steht im 7. Haus Zwillinge am DC.

Die starke Betonung des 2. Hauses zeigt an, dass Frank sehr großen Wert auf ein eigenes Einkommen und finanzielle Unabhängigkeit legt. Mit Sonne Konjunktion Merkur im Wassermann, die schon zum 3. Haus gerechnet wird, dürfte sich Frank um Unvoreingenommenheit und Objektivität bemühen, doch mit der engen Konjunktion zwischen Sonne und Merkur könnte es ihm schwer fallen, sich richtig einzuschätzen. Hinzu kommen innere Unruhe und der Anspruch, durch geistige Leistungen Selbstbestätigung zu bekommen (Luftbetonung und starkes 2. Haus, bzw. Sonne-Merkur an der Spitze von Haus 3).

Diese Konjunktion ist an einer harmonischen Aspektfigur beteiligt: Sonne-Merkur im Sextil zu Neptun am Schütze AC und im Trigon zu Pluto am Waage-MC. Sie wird aber nicht durch Spannungsaspekte aktiviert.

Inspiration und Einfühlungsvermögen, Mitgefühl und Sensibilität sowie schöpferische Phantasie und intuitive Einsichten kommen mit Sonne-Merkur Sextil Neptun zum Ausdruck. Allerdings steht Neptun am Schütze-AC: Frank könnte einerseits ein gutes Gespür für seine Mitmenschen haben und intuitiv auf seine Umwelt reagieren, wobei die Gefahr besteht, dass er seine Umgebung nicht immer realistisch wahrnimmt. Andererseits besteht die Möglichkeit, dass es zu Missverständnissen mit anderen Menschen kommt, weil diese Franks Handlungen vielleicht nicht nachvollziehen können. Auf jeden Fall ist mit Neptun am AC Unsicherheit angezeigt. Dennoch dürften sich ein starker Wille, gute Konzentrationskraft und eine ausgeprägte Regenerationskraft bemerkbar machen (Sonne-Merkur Trigon Pluto).

Da die Sonne im Trigon zum Waage-MC und Pluto zugleich im 9. Haus in Konjunktion mit dem MC steht, dürfte Frank genügend Ehrgeiz und Energie besitzen, um seine beruflichen Ziele zu erreichen, wobei Macht und Einfluss eine wichtige Rolle spielen, und er recht eigennützig sein dürfte (zusätzlich Betonung des 1. Quadranten). Der Generationsaspekt Neptun Sextil Pluto wird durch die Achsenbindung bedeutsam. Er kann auf intuitive Fähigkeiten oder verborgenes Wissen hinweisen, das sinnvoll eingesetzt und schöpferisch zum Wohl der Allgemeinheit genutzt werden sollte.

Im 2. Haus befindet sich Venus in Konjunktion mit dem aufsteigenden Mondknoten und Jupiter im Zeichen Steinbock: Frank braucht für seine gefühlsmäßige Sicherheit ein geregeltes Einkommen bzw. materielle Sicherheit (Steinbock-Venus). Da Venus Herrscherin des MC und des 6. Hauses ist, könnte eine Tätigkeit in Frage kommen, bei der er z.B. sein Interesse für Ästhetik oder Soziales mit Geschäftstüchtigkeit verbinden kann. Er braucht ein harmonisches berufliches Umfeld, in dem er praktisch arbeiten und Sinn für Struktur entwickeln kann.

Einerseits könnte er seine Arbeiten verkaufen, was als Tischler durchaus möglich wäre. Andererseits neigt er aber auch dazu, lieber schöne Dinge zu besitzen als sich die Mühe zu machen solche zu verkaufen, denn Venus steht im Quadrat zur Mond/Uranus-Konjunktion im 10. Haus Waage: Unberechenbarkeit aufgrund gefühlsmäßiger Unsicherheit, plötzliche Stimmungsschwankungen sowie Unzuverlässigkeit, übertriebene Impulsivität und innere Gereiztheit sind durch Mond-Uranus angezeigt. Der Waage-Mond gerät durch disharmonische Beziehungen aus dem seelischen Gleichgewicht, was sich auf die Gesundheit niederschlagen kann, denn mit diesen Konstellationen reagiert Frank sehr empfindsam auf die Reaktionen anderer Menschen und der Gesellschaft

(10. Haus). Sein seelisches Wohl hängt von der öffentlichen Anerkennung ab, wobei die Gefahr besteht, dass Frank sich zu sehr auf andere Menschen einstellt oder sein Verhalten sogar von deren Reaktionen abhängig macht. Die Mutter bzw. Frauen dürften großen Einfluss auf Franks berufliche Laufbahn haben und viel Unruhe in sein Leben bringen. Durch Mond-Uranus Quadrat Venus sind Schwierigkeiten im zwischenmenschlichen und finanziellen Bereich angezeigt, die plötzlich auftreten dürften. Wahrscheinlich fällt es Frank schwer, zwischen Liebe und Freundschaft zu unterscheiden. Da er sehr viel Zuwendung braucht, was er sich mit der Steinbock-Venus jedoch nicht anmerken lässt, könnte er dazu neigen, andere auszunutzen oder selbst ausgenutzt zu werden, weil er entweder zu gutgläubig ist oder sich stark von anderen beeinflussen lässt.

In Bezug auf die Berufshäuser 2 und 10 könnte dies auch bedeuten, dass Frank nicht so gut mit Finanzen umgehen kann, da er das Geld seinem seelischen Befinden entsprechend ausgibt, z.B. wenn er sich spontan verliebt (Venus Quadrat Uranus), wobei die Steinbock-Venus dafür sorgt, dass er „nicht über die Stränge schlägt“. Mit diesem Quadrat sind gefühlsmäßige Labilität und Wankelmut sowie Nervosität aufgrund starker innerer Unruhe verbunden. Durch die kardinale Qualität könnte Frank mitunter überaktiv sein oder zu spontan handeln: Auf helle Begeisterung kann völliges Desinteresse folgen. Da das Quadrat auch den aufsteigenden Mondknoten betrifft, der in Konjunktion mit der Venus steht, wird der liebevolle Aufbau von Beziehungen immer wieder durchkreuzt. Jupiter im 2. Haus Steinbock steht ebenfalls im Quadrat zu der Mond/Uranus-Konjunktion im 10. Haus: Hierdurch zeigt sich Franks Neigung zu unkluger Großzügigkeit, Extravaganz und zu hohen Erwartungen in Bezug auf sein Gehalt oder den Besitz, aber auch zu persönlicher Selbstüberschätzung. Durch Uranus kommt eine idealistische Note hinzu: Möglicherweise begeistert sich Frank für schwer erreichbare Ziele, setzt sich voll dafür ein und lässt sie dann auch genauso schnell wieder fallen. Mit dem konservativen Steinbock-Jupiter macht sich einerseits eine starre soziale Haltung bemerkbar, andererseits zeigen sich aber auch Pflichtbewusstsein und Zuverlässigkeit. Es könnte sein, dass Frank mit der Steinbockbesetzung zwischen großzügigen Ausgaben und übertriebener Sparsamkeit hin und her schwankt. Mit Geduld und Ausdauer könnte er seine Verdienstmöglichkeiten verbessern. Venus steht allerdings im Quadrat auf die MC/IC-Achse: Möglicherweise wechselt Frank die Firma aus gefühlsmäßiger Unzufriedenheit, da die Schwierigkeit besteht, berufliche und private Neigungen in Einklang zu bringen.

Schritt 6-7: Saturn als Herrscher des 2. Hauses steht am DC Zwillinge in Opposition zu Mars im 1. Haus Schütze: Frank dürfte aus Idealismus handeln und sich aktiv für Dinge einsetzen, an die er glaubt. Da er mit dem feurigen Schütze-Mars im 1. Haus auch andere von seinen Ideen überzeugen will, macht er sich mitunter unbeliebt, weil er zu eifrig und direkt ist und vielleicht gar nicht merkt, wie undiplomatisch und taktlos er sich verhält. Frank kann zwar hart und energiegeladen arbeiten und viel leisten, doch oftmals ist er egoistisch und dickköpfig. Er sollte mehr Rücksicht auf andere nehmen, toleranter werden und seine Energie z.B. für sportliche Aktivitäten einsetzen. Da Mars in Opposition zu Saturn steht, dürfte sich Franks Energie phasenweise entladen. Mal prescht er vor, mal ist er völlig inaktiv. Bei dieser Opposition sollte er versuchen, den Mittelweg zwischen „Antrieb und Bremse“ zu finden, was nicht einfach ist. Auf der einen Seite stehen Tatendrang, Einsatzbereitschaft und Aggressionen, die zum Ausdruck kommen wollen (Mars im 1. Haus Schütze), auf der anderen Seite treten Hindernisse und Einschränkungen (Saturn im 7. Haus Zwillinge) dem spontanen Idealismus entgegen und fordern Disziplin bei geistiger Arbeit, Klarheit bei Vereinbarungen und Verantwortungsgefühl im Umgang mit anderen Menschen. Es dürfte Frank nur mit sehr viel Selbstdisziplin gelingen, diese beiden Kräfte zu kombinieren. Möglicherweise fühlt er sich benachteiligt und entwickelt Aggressionen, um Minderwertigkeitsgefühle zu überspielen.

In dem Haus, in dem sich Saturn befindet, sollen wir Verantwortung übernehmen und unsere Pflichten erfüllen. Die Saturn-Position zeigt aber auch an, wovor wir Angst haben. Frank könnte anderen gegenüber zu misstrauisch und kritisch sein – aus Angst, zurückgewiesen zu werden – sich distanziert verhalten und trotzdem die nötige Anpassung aufbringen. Aufgrund seines Verhaltens zieht er Menschen an, die ähnlich reagieren und ihm „den Spiegel vorhalten". Frank könnte in Beziehungen gehemmt sein und bei seinen Mitmenschen auf Widerstand stoßen. Doch Saturn Trigon MC sowie Saturn Trigon Sonne zeugen von Zuverlässigkeit, Durchhaltevermögen und Ausdauer beim Verfolgen seiner Ziele.

Hat Frank sich richtig entschieden?

Frank hat nach der Schule einen Handwerksberuf gewählt, aber die Ausbildung zum Tischler ist ihm nicht leicht gefallen. Ein handwerklicher Beruf erfordert eine praktische Begabung, manuelle Geschicklichkeit und entsprechend körperliche Kraft, wenn er zu einer erfolgreichen Tätigkeit werden soll. Ansonsten ist jedes Handwerk bis zu einem gewissen Grad erlernbar.

Für den Beruf des Tischlers spricht z. B. der Schütze-Mars im 1. Haus (Energie und Kraft). Die Betonung der Luftzeichen (6 Planeten und MC) weist auf Geschicklichkeit hin. Venus und Jupiter im Steinbock zeigen praktische Anlagen an, die durch das weitläufige Sextil zwischen Mars und der Mond/Uranus-Konjunktion unterstützt werden.

Woran wäre Franks Wunsch, Altenpfleger zu werden, ersichtlich? Venus und Jupiter im 2. Haus Steinbock im Quadrat zu Mond-Uranus in der Waage im 10. Haus können darauf hinweisen, dass Frank zu jungen Leuten keinen so guten Draht hat, sondern sich eher zu älteren Menschen hingezogen fühlt, was auch durch Saturn am Zwillinge-DC deutlich wird, der wiederum ein zulaufendes Trigon zur Wassermann-Sonne hat. Mit dem Waage-Mond braucht Frank abwechslungsreiche und anregende Kontakte (Mond-Uranus) sowie persönliche Anerkennung. Da er – wie er sagt – selten von älteren Menschen enttäuscht wurde, kann er sich vorstellen, ihnen zu helfen, bzw. mit ihnen zu arbeiten und in der Altenpflege tätig zu sein.

Frank hat drei Monate vor Ausbildungsbeginn einen Platz bekommen und rief mich an, weil er plötzlich keine Lust mehr zu diesem „Job" hatte. Ein Grund dafür war, dass er zu wenig Lehrgeld bekommt und nebenbei nicht arbeiten kann. Er braucht aber den Verdienst für seinen Lebensunterhalt. Allerdings würde seine Mutter ihn während der Ausbildung unterstützen. Frank hat sich dennoch entschlossen, diese erst einmal zu beginnen.

Mit Mond-Uranus Quadrat Venus ist Frank sehr ungeduldig, hat aber die Möglichkeit zu experimentieren (Mars und AC in Schütze), um herauszufinden, ob es tatsächlich das ist, was er sich beruflich vorstellt.

Frank braucht einen aktiven Beruf, in dem er Kontakt – auch zu älteren Menschen – hat (Mond-Uranus im 10. Haus Waage und Saturn im 7. Haus) und eigenständig arbeiten kann (linke Hälfte, 1. Quadrant). In diesem Beruf sollte er sowohl seine körperlichen Kräfte (Schütze-Mars in 1) als auch Einfühlungsvermögen (Sonne-Merkur Sextil Neptun und AC) und Verständnis für die Probleme und Leiden der Patienten (Waage-Mond) einsetzen. Frank könnte sich für soziale Gerechtigkeit (Pluto in 9) stark machen und Veränderungen in diesem Bereich bewirken, da er moralische Grundsätze hat und bereit ist, für eine gerechte Sache zu kämpfen (Schütze-Mars in 1). Mit Sonne-Merkur Trigon Pluto und MC kann Frank Einfluss auf andere Menschen ausüben, denn Kommunikation spielt eine wichtige Rolle für ihn (zusätzlich Sonne-Merkur im 3. Haus).

Dennoch sehe ich Franks Berufung nicht in der Altenpflege. Er müsste eine praktische Tätigkeit ausüben und könnte sich z.B. in seinem Beruf als Tischler weiterbilden, Kreativität mit handwerklichem Können verbinden, um selbst Gegenstände zu schaffen und seine künstlerischen Anlagen manuell umzusetzen.

Sollte Frank die Ausbildung als Altenpfleger tatsächlich beginnen, dürfte ihm die Umstellung zu Anfang recht schwer fallen, da er sich anpassen und unterordnen müsste. Mit Mond und Uranus in der Waage sowie Mars am AC ist Frank zudem leicht reizbar und ungeduldig. Außerdem ist der materielle Aspekt sehr wichtig für ihn. Zwar ist Frank daran gewöhnt, mit Härten fertig zu werden, doch der transitierende Neptun steht bis zum Jahr 2000 auf seinem Merkur (Fehlentscheidungen und falsche oder unklare Vorstellungen) und geht auf die Sonne zu: Er wird immer wieder daran zweifeln, ob er den richtigen Schritt gegangen ist.

Pluto erreicht im Februar 1999 den AC: Umwälzungen stehen also bevor. Insofern könnte mit dem Beginn der Ausbildung auch eine ganz neue Lebensphase beginnen. Der laufene Uranus aktivierte das Sextil zum AC (August und Dezember 1998) und löst das Trigon zum Radix-Saturn (Februar 1999) aus, bevor er das Sextil zum Radix-Mars (August/September 1999) anläuft.

Außerdem wirkt der Jupiter-Transit 1999 unterstützend (Sextil zu Merkur, Sonne, Konjunktion IC, Trigon Neptun und AC, Trigon Mars). Frank hätte gute Möglichkeiten für einen Neubeginn. Er dürfte seine wahre Berufung aber wahrscheinlich erst in der zweiten Lebenshälfte finden.

Gerd: Student

Gerd hat eine kaufmännische Ausbildung absolviert, da seine Eltern einen Betrieb in der Textilbranche führen. Hier war er als kaufmännischer Angestellter bis zur Auflösung des Unternehmens tätig, hatte aber nie wirklich Freude an seiner Arbeit.

Gerd entschloss sich zu einem Studium der Fotografie im Ausland, denn er wollte schon immer etwas künstlerisches machen. Nach kurzer Zeit geriet er „in schlechte Gesellschaft“, kam angeblich durch eine Freundin an Drogen und brach das Studium wieder ab. Inzwischen liegt diese Phase hinter ihm. Er hat diese Beziehung beendet, ist „clean“ und nach Deutschland zurückgekehrt. Sein Wunsch, eine kreative oder künstlerische Tätigkeit auszuüben, besteht nach wie vor.

Schritt 1-3: Beim Betrachten dieses Horoskops fällt auf, dass sich je sechs Planeten auf der unteren und auf der rechten Hälfte befinden. Das Erdelement ist mit fünf Planeten, das Luftelement ist gar nicht besetzt. Insofern überwiegen die Planeten in weiblichen Zeichen. Die veränderliche Qualität ist mit sechs Planeten besetzt.

Auf den ersten Blick könnte man hier auf eine introvertierte Persönlichkeit schließen, die die Begegnung mit anderen Menschen braucht, aber relativ unbeständig ist und nur ungern ihre Ansichten ändert.

Schritt 4: Von den klassischen Berufshäusern ist das 2. Haus nicht besetzt. Die Spitze fällt in das Zeichen Löwe, die Sonne steht in Konjunktion mit dem DC. Gerd braucht also

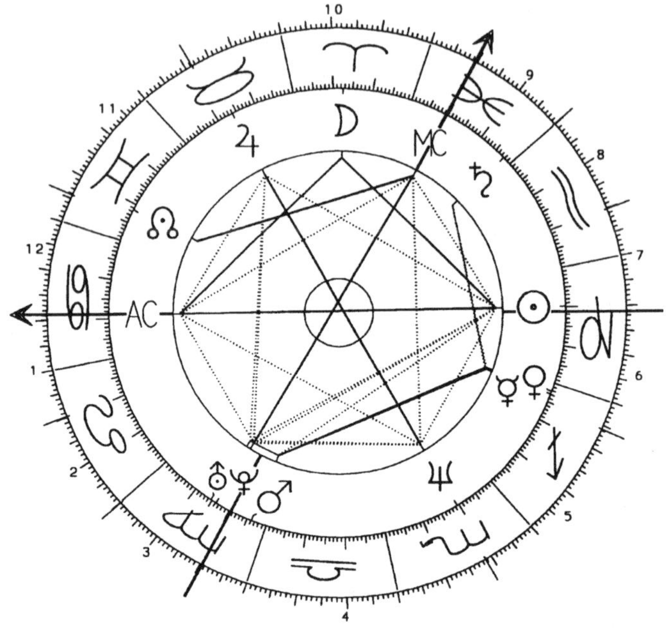

eine Tätigkeit, bei der er seine Persönlichkeit einbringen kann, um Selbstbestätigung zu bekommen und eine bedeutende Position einzunehmen.

Die Steinbock-Sonne bildet ein geschlossenes Trigon zu Jupiter im 11. Haus Stier und zu Uranus und Pluto am IC Jungfrau sowie ein Trigon zu Mars im 4. Haus Jungfrau. Gerd kann seine Lebensausfgabe innerhalb einer (Geschäfts-) Partnerschaft finden, indem er sich z.B. mit Öffentlichkeitsarbeit befasst, denn er hat die Fähigkeit, Einfluss auf andere Menschen auszuüben und sich zu einem tüchtigen Geschäftsmann zu entwickeln, wenn er Ausdauer, Ehrgeiz und Geduld geschickt einsetzt. Gerd kann seine Pläne mit Willenskraft und Mut aktiv in die Tat umsetzen (Sonne Trigon

Mars), zumal er durch diesen Aspekt auch Führungseigenschaften besitzen dürfte.

Erschwerend wirkt sich dabei jedoch das Quadrat zwischen Sonne und Mond aus. Der aktive, temperamentvolle und eigenwillige Widder-Mond im 10. Haus hat ein Quincunx zu der Uranus/Pluto-Konjunktion sowie zu Neptun und steht im Quadrat zur AC-DC-Achse. Hierdurch werden Konflikte in beruflichen und privaten Beziehungen angezeigt. Unbewusste Verhaltensmuster verhindern entschlossenes Handeln. Durch die Quincunx-Aspekte werden Gerds Entscheidungsschwierigkeiten im Alltag noch verstärkt, auch wenn der Widder-Mond schnelle Entscheidungen will. Es ist wichtig, dass sich Gerd seine Gewohnheiten und Reaktionen sowie seine innere Unausgeglichenheit bewusst macht, die aus der Diskrepanz zwischen bewusstem Wollen und unbewussten Verhaltensweisen resultieren und seinem persönlichen Selbstausdruck im Wege stehen.

Mit Mond im 10. Haus Widder könnte die Mutter starken Einfluss auf Gerds Berufswahl genommen oder ehrgeizige Pläne für ihn gehegt haben, die aber nicht unbedingt mit seinen eigenen Vorstellungen übereinstimmten. Mit dieser Mond-Position dürften Frauen eine wichtige Rolle für Gerd spielen, denn er neigt dazu, starke aktive Frauen (Widder-Mond; Schütze-Venus) anzuziehen und selbst lieber passiv zu bleiben. Wenn Gerd lernt, mit seiner Unsicherheit (Sonne Quadrat Mond) und seiner Schwellenangst (Krebs-AC) umzugehen und aktiver wird, kann er sich zu einer intuitiven, großzügigen und selbstbewussten Persönlichkeit entwickeln (Sonne Trigon Jupiter), die andere begeistert, mit Optimismus unterstützt und frohen Mutes ans Werk geht, was durch Sonne und Jupiter Sextil MC gefördert wird, wobei es ihm einerseits an Dynamik mangelt (Steinbock-Sonne; Stier-Jupiter). Andererseits besteht durch die vielen Trigone und die Quincunx-Aspekte die Gefahr, dass Gerd sich treiben lässt und den Weg des geringsten Widerstands geht.

Mit Steinbock-Sonne Trigon Stier-Jupiter besitzt Gerd die Fähigkeit, traditionelles und konventionelles – also alles, was sich bewährt hat – mühelos mit neuem zu verbinden (Uranus Konjunktion Pluto am IC im Trigon zur Sonne). Die Uranus/Pluto-Konjunktion, die eine ganze Generation betrifft, ist durch die Position am IC individuell zu berücksichtigen; sie weist u.a. auf aufmüpfiges Verhalten hin. Bei Gerd bezieht sich das hauptsächlich auf berufliche und private Beziehungen (Eltern und Partner), wobei er sich mit Mars am Jungfrau-IC nicht an Details festbeißen, sondern großzügig und rücksichtsvoll sein sollte. Seine innere Unruhe, die durch Uranus-Pluto und Mars am IC vorhanden ist, sollte Gerd gezielt in Energie umsetzen, denn mit Merkur-Venus im Schützen im Quadrat zu Mars in der Jungfrau schwankt er zwischen Aktivität und Zögern. Deshalb wäre es notwendig, dass sich Gerd greifbare und realisierbare (Etappen-)Ziele setzt und dabei schrittweise vorgeht.

Mit Uranus-Pluto im Trigon zu Jupiter im 11. Haus Stier ist ein Glaube verbunden, „der Berge versetzen kann". Gerd dürfte sich für neue oder fortschrittliche Glaubensrichtungen interessieren und intuitiv wissen, wie er unbefriedigende Situationen – auch zum Wohl der Allgemeinheit – mit Hilfe seiner schöpferischen Kräfte verändern kann. Mit Hilfe plötzlicher „Eingebungen" könnte Gerd gute Gelegenheiten erkennen und nutzen, wodurch er seine Lage unverhofft verbessern kann. Da sich Jupiter im 11. Haus befindet, könnte seine Entfaltung in Gruppen oder durch Protektion gefördert werden. Doch Jupiter steht auch in Opposition zu Neptun im 5. Haus Skorpion. Hier stehen Entfaltung und Inspiration, Expansion und Wünsche in Spannung: Entweder ist Gerd ungewollt unzuverlässig, oder er hat unrealistische Erwartungen und Ansprüche in Bezug auf seine Lebensziele. Eine Neigung zu Extremen dürfte sich bemerkbar machen: Großzügigkeit und Optimismus stehen mangelndem Urteilsvermögen oder zu wenig praktischer Erfahrung gegenüber.

Neptun steht an der Spitze einer Drachenfigur, die Anzeichen für Erfolg im Leben sein kann, da das Trigon durch den Oppositionsplaneten Neptun subtil aktiviert wird, und auch die Sextile zu Sonne, Uranus und Pluto etwas in Bewegung setzen. Die Entfaltung dieses Aspektes dürfte sich durch Jupiter im 11. Haus bemerkbar machen. Das bedeutet: Zusammenarbeit mit Gleichgesinnten, in Gruppen oder Interessensgemeinschaften fördert Gerds Kreativität, Inspiration und Phantasie, die in den Bereichen Kunst, Musik und Literatur zum Ausdruck kommen können (Neptun im 5. Haus und Merkur-Venus). Mitgefühl und mystische Einsichten fördern eine menschliche Einstellung (Sonne Sextil Neptun). Durch Uranus/Pluto Sextil Neptun (Generationsaspekt, s.o.) macht sich ein Hang zum Idealismus bemerkbar.

Sehen wir uns nun das 6. Haus an, dessen Spitze in das Zeichen Schütze fällt; Herrscher ist Jupiter (s.o.). Für Gerd spielt die berufliche Entfaltung eine wichtige Rolle. Mit Merkur Konjunktion Venus im 6. Haus Schütze hat Gerd die Fähigkeit, sich in Wort und Schrift gewandt zu artikulieren. Er hat eine angenehme Stimme und dürfte gut (Erlebnisberichte) schreiben können, d.h. seine Tätigkeit könnte durchaus im Bereich der Kommunikation oder Kunst liegen. Gerd dürfte Geschick im Umgang mit Menschen haben, wobei sein diplomatisches Verhalten durch Merkur-Venus im Quadrat zu Mars oftmals außer Kraft gesetzt werden kann, da er Wert auf Offenheit legt (Schütze). Allerdings neigt Gerd dazu, sich schnell provozieren zu lassen. Er diskutiert und debattiert gern und heftig, ist oftmals sehr direkt und fällt zu schnell ein Urteil, dabei kann er in seiner Ausdrucksweise mitunter recht taktlos wirken.

Gerd sollte geduldiger werden, auch andere zu Wort kommen lassen, ihnen zuhören und seine Meinung besser fundieren. Da sich Mars im 4. Haus befindet, besteht die Möglichkeit, dass er seine Wortgefechte hauptsächlich zu Hause, innerhalb der Familie führt. Denn Merkur und Venus stehen im Sextil zu Saturn im 9. Haus Fische, was wiederum auf eine präzise und vorsichtige Ausdrucksweise schließen lässt. Saturn in 9 bescheinigt ernsthaftes Interesse an höherer Bildung. Gerd möchte mit dieser Konstellation nicht gern etwas dem Zufall überlassen, sondern geht gezielt an seine Vorhaben heran, wobei Weiterbildung immer eine Rolle spielen wird. Möglicherweise hat er einen ausgeprägten Gerechtigkeitssinn und beschäftigt sich mit anderen Glaubenssystemen oder mit Philosophie.

Saturn Sextil Venus weist u.a. auf konkrete künstlerische Fähigkeiten hin, die verwirklicht werden können. Saturn sorgt für klare Formen und verleiht den ästhetischen Vorstellungen Gestalt und Struktur.

Das MC (10. Haus) fällt in das Zeichen Fische, sein Herrscher Neptun steht im 5. Haus, sein Mitherrscher Jupiter im 10. Haus – beide bilden eine Opposition. Hier liegt die Schwierigkeit, klare Vorstellungen von beruflichen Wünschen und Lebenszielen zu entwickeln, bzw. den richtigen Beruf zu finden, was noch durch das Quadrat der Mondknoten auf die MC/IC-Achse verstärkt wird. Allerdings ist hier auch der Hinweis auf eine phantasievolle, idealistische Tätigkeit gegeben.

Der Widder-Mond befindet sich ebenfalls im 10. Haus im Quadrat zur Sonne. Er ist Herrscher vom Krebs-AC, der auf eine empfindsame, gefühlsbetonte Persönlichkeit schließen lässt, die zu seelischer Unausgeglichenheit neigt. Trotz der Spannungsaspekte (Mond Quadrat AC-DC) ist der Bezug zur Öffentlichkeit, „zum Volk“ gegeben, der jedoch ganz von Gerds Stimmungen abhängen dürfte.

Schritt 5: Der Krebs-AC weist eine starke harmonische Aspektierung auf: Sextil zu Uranus-Pluto und Jupiter sowie ein Trigon zu Neptun. Es dürfte sich eine ausgeprägte Darstellungskraft zeigen. Gerd könnte Unterstützung für gemeinsame Projekte finden (AC Sextil Jupiter in 11) und auch von seiner Familie gefördert werden (Uranus-Pluto Konjunktion IC Sextil AC). Neptun als Herrscher vom MC im Trigon zum AC steht im 5. Haus der Kreativität. Gerd könnte also seine Berufung in diesem Bereich finden, indem er sich selbst darstellt oder seine Ideen phantasievoll visualisiert. Da er ein ausgeprägtes Vorstellungsvermögen hat, könnte er fotografisch arbeiten oder eine schriftstellerische Tätigkeit ausüben, indem er z.B. Drehbücher oder Theaterstücke schreibt und seine eigenen Erlebnisse und Erfahrungen miteinbezieht. Aber mit Krebs-AC und Stier-Jupiter, zudem den Widder-Mond im Quadrat auf die AC/DC-Achse mangelt es Gerd an Dynamik. Er wird wankelmütig, zurückhaltend und neigt mitunter zu vehementen Gefühlsausbrüchen.

Gerd hat sich vorgenommen, Regisseur oder Regieassistent zu werden – ein lang gehegter Wunsch. Durch Bekannte (Jupiter in 11) hat er einen Praktikantenplatz bei einem Regisseur mit der Aussicht auf eine Ausbildung bekommen. Ob er sich seinen Berufswunsch erfüllen kann, wird sich zeigen.

Hanno: Vermessungstechniker – Tai-Chi-Lehrer

Hanno kam zur Beratung, weil er seit längerer Zeit arbeitslos ist und sich zum Einzelhandelskaufmann für Diät- und Reformwaren umschulen lassen wollte. Er hat Vermessungstechniker gelernt, war als Beamter tätig, hat sich aber nach einiger Zeit aus dem Staatsdienst zurückgezogen. Anschließend lebte er in spirituellen Zentren und Ashrams. Nach

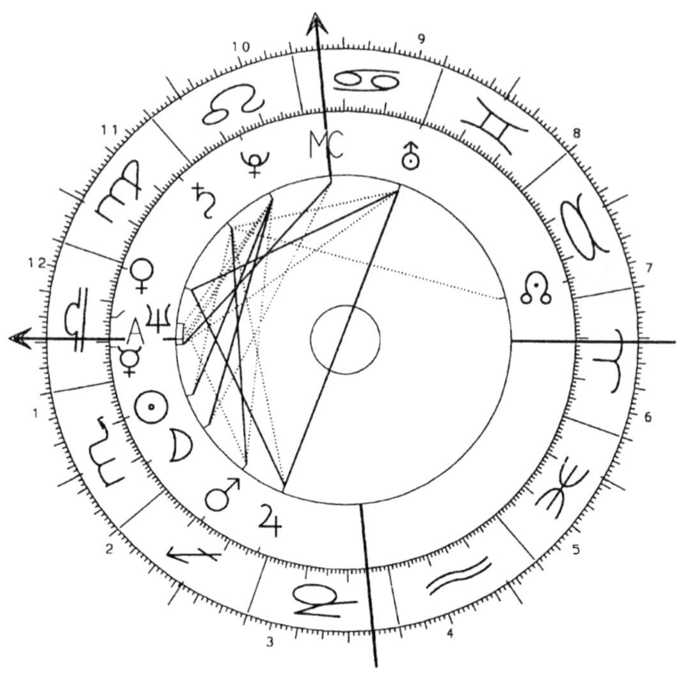

seiner Rückkehr aus Indien machte er eine Umschulung zum Bürokaufmann, war aber weiterhin freiberuflich als Vermessungstechniker tätig.

Zusätzlich absolvierte Hanno eine Ausbildung zum Tai-Chi-Lehrer. Diese Tätigkeit übt er seit mehr als 10 Jahren an öffentlichen Bildungsstätten aus.

Schritt 1-3: Sehen wir uns das Horoskop an: Außer Uranus befinden sich alle Planeten auf der linken Horoskophälfte. Jeweils fünf Planeten stehen in der oberen und unteren Hälfte. Die Elemente sind mit jeweils drei Planeten besetzt; im Erdelement steht nur der Jungfrau-Saturn. In der kardinalen Qualität befinden sich vier Planeten sowie AC und MC.

Hanno braucht einen Beruf, in dem er möglichst selbständig arbeiten kann, Handlungsfreiheit und ein eigenes Aufgabenfeld hat, für das er verantwortlich ist. Bei seiner Tätigkeit braucht er Kontakte (Waage-Betonung), aber er sollte nicht zu ich-bezogen sein (linke Hälfte) und seine beruflichen Möglichkeiten etwas realistischer einschätzen lernen (fehlendes Erdelement).

Schritt 4-5: Von den klassischen Berufshäusern sind nur das 2. und das 10. Haus besetzt. Im 2. Haus befinden sich Mond und Mars, die Spitze fällt in das Zeichen Skorpion: Hanno dürfte den Wunsch nach einem eigenen Einkommen haben, um einerseits (gefühlsmäßig) unabhängig zu sein und andererseits auch materielle Sicherheit zu bekommen (Mond im 2. Haus); dafür setzt er seine Energie aktiv ein (Schütze-Mars im 2. Haus), d.h. er will Geld verdienen. Die Planetenposition sagt aber auch aus, dass Hanno eine emotionale Einstellung zum Geld hat und seine Einkommensverhältnisse aufgrund von Launen Schwankungen unterliegen, denn sein Arbeitseinsatz erfolgt eher phasenweise. Mit dem Skorpion-Mond kann er „himmelhochjauchzend und zu Tode betrübt" sein. Mit Mond Quadrat Pluto vom 2. Haus zum 10. Haus strebt er Anerkennung und eine einflussreiche Position an. Möglicherweise werden materielle Werte oder Geld als Machtinstrument betrachtet. In diesem Fall dürften Schwierigkeiten bei der Sicherung seiner wirtschaftlichen Lage oder Machtkonflikte mit Vorgesetzten und/oder Frauen auftreten, denn Hanno hat Probleme mit der eigenen Autorität und mit Autoritätspersonen (verstärkt durch Sonne Konjunktion absteigender Mondknoten). Möglicherweise lehnt Hanno es ab, Rechenschaft über seine Tätigkeit abzulegen und fühlt sich schnell kontrolliert oder manipuliert (1. Quadrant).

Hanno sollte sich Verdrängtes bewusst machen und verarbeiten, damit das Gefühl, „Angriff ist die beste Verteidigung" (Skorpion-Mond) nicht so stark zum Ausdruck kommt.

Er braucht einen Beruf, mit dem er sich gefühlmäßig identifizieren, in dem er seelisch „aufgehen“ und seine Persönlichkeit einbringen kann (Mond im 2. Haus im Skorpion). Außerdem sollte er die Möglichkeit zum Forschen haben, denn er möchte den Dingen auf den Grund gehen und die tieferen Zusammenhänge erkennen, um auch andere davon zu überzeugen (Pluto Sextil Merkur, Neptun und AC).

Läuft etwas nicht ganz so, wie er sich das vorstellt, sollte er zuerst seine eigene Einstellung und sein Verhalten oder seine Erwartungen prüfen, bevor er seine Probleme auf andere projiziert oder seine Mitmenschen unter Druck setzt (Mond Quadrat Pluto).

Da sich Mond und Mars im 2. Haus befinden, hat Hanno guten Zugang zu Berufen, die mit den Bereichen Nahrung, Lebensmittel oder Verpflegung allgemein in Verbindung stehen, zumal er auch das Gespür für die Bedürfnisse anderer Menschen haben dürfte (Mars Sextil Neptun). Seine kaufmännischen Fähigkeiten machen sich durch Mond und Mars im 2. Haus sowie durch Merkur Sextil Jupiter bemerkbar.

Allerdings besteht die Gefahr, dass Hanno mit Schütze-Mars im 2. Haus und im Quadrat zum Jungfrau-Saturn im 11. Haus eine zu nüchterne und pessimistische Einstellung zum Geldverdienen hat und leicht frustriert ist, da sich aufgrund zu negativer Gedanken oftmals Verzögerungen, Hindernisse oder andere Schwierigkeiten ergeben, und Hanno nicht so schnell handeln kann, wie er will. Deshalb braucht er einen zweiten Anlauf: Sonne und Mond im Skorpion sowie der Jungfrau-Saturn neigen eher zu Pessimismus und Zweifel, während Mars und Jupiter im Schützen Optimismus und Begeisterungsfähigkeit fördern.

Mit Mars Sextil Neptun besitzt Hanno auch die Anlage zum Heilen. Dieser Aspekt begünstigt eine subtile Körperbeherrschung durch Aktivitäten wie Tanz und Schauspiel oder andere darstellende Tätigkeiten und Yoga. Eine ausgeprägte

Regenerationsfähigkeit wird durch Mars Trigon Pluto deutlich. Mit Willenskraft und der Fähigkeit zu konstruktivem Handeln kann Hanno seine mitunter pessimistische Einstellung überwinden und die universellen Kräfte zum Wohl der Allgemeinheit nutzen.

Das 6. Haus ist nicht besetzt, d.h. Mitarbeiter und Kollegen spielen keine sehr große Rolle, Hanno kann gut allein arbeiten, da er sich weder unterordnen kann noch sich etwas sagen lassen will (Betonung des 1. Quadranten - nicht besetztes 6. Haus). Dennoch sollte er lernen, auch die Ansichten und das Wissen anderer zu akzeptieren und sie neben sich existieren zu lassen, denn mit einem Neptun als Herrscher des 6. Hauses in Konjunktion mit Merkur am AC neigt er dazu, vieles besser zu wissen als andere, was trotz des Waage-AC nicht immer gut ankommt. Neptun Konjunktion Merkur in der Waage weist darauf hin, dass Hanno sehr phantasievoll und intuitiv veranlagt ist und eine schöpferische Begabung hat, die in der Fotografie oder Literatur (Poesie) zum Ausdruck kommen kann. Allerdings neigt Hanno mit dieser Konstellation - dazu noch am Waage-AC - zum Wunschdenken oder zu unrealistischen Vorstellungen und Entscheidungsschwierigkeiten, da er sich nicht gern festlegt, bzw. festlegen lässt. Die Schwierigkeit besteht auch darin, dass er sich selbst etwas vormacht und anderen ausweicht oder sich geschickt aus der Affäre zieht (Neptun und Merkur am AC; die Waage will sich unangenehme Dinge vom Halse halten, den Skorpion wiederum reizen sie). Hanno kann zwar gut mit Menschen umgehen und diese mit Einfühlungsvermögen beraten, aber er sollte darauf achten, dass er nicht zuviel redet.

Die Spitze des 10. Hauses, das MC, fällt in das Zeichen Krebs. Dieses ist mit Pluto besetzt, der wiederum im Quadrat zum Mond als Herrscher des MC steht. Dieser Spannungsaspekt sorgt für große Schwierigkeiten bezüglich der seelischen und beruflichen Erfüllung, auch wenn der Mond ein Trigon zum MC bildet. Der berufliche Erfolg kann sich erst einstellen, wenn Hanno die Fähigkeit entwickelt, mit Machtkonflikten sinnvoller umzugehen und einflussreichen Personen lockerer gegenübertritt, ohne das Gefühl zu haben, gleich zum Angriff übergehen zu müssen. Wenn Hanno sich gefühlsmäßig mit seinem Beruf identifizieren kann, dürfte er durchaus großen Einfluss durch die Sprache – also in Wort und Schrift – auf andere Menschen ausüben (Pluto Sextil Merkur) und sich intensiv seinem Interessensgebiet widmen können. Über die harmonische Aspektfigur Mars Sextil Merkur und Neptun am AC sowie Mars Trigon Pluto, Merkur und Neptun Sextil Pluto ist der Ansatz zur Findung seiner Berufung gegeben, zumal Pluto Herrscher des 2. Hauses und Neptun Herrscher des 6. Hauses ist.

Allerdings steht Pluto zum Herrscher des MC, dem Mond, im Quadrat, und Merkur hat ein Quadrat zur MC/IC-Achse. Insofern dürfte Hanno oftmals unzufrieden mit seiner beruflichen und häuslichen Situation sein.

Schritt 6-7: Wenn Hanno von einer Sache überzeugt ist, kann er Ausdauer und Disziplin entwickeln (Sonne Sextil Saturn) und voller Überzeugung etwas durchführen (Merkur Sextil Pluto). Dennoch können ihm seine Gefühle immer wieder „dazwischenfunken", da Hanno leicht zu verletzen ist und persönliche Kränkungen nicht so schnell vergisst (Sonne und Mond in Skorpion), was sich beruflich nicht gerade vorteilhaft für ihn auswirken dürfte.

Die Sonne befindet sich im 1. Haus im Skorpion. Sie steht im Sextil zu Saturn im 11. Haus Jungfrau. Hier kommen Geduld und Selbstdisziplin sowie Organisationstalent, praktisches und methodisches Handeln zum Ausdruck. Hanno dürfte sich mit Ausdauer für seine Ziele einsetzen und Verantwortung übernehmen können. Die Skorpion-Sonne beschäftigt sich gern mit medizinischen und psychologischen Themen und will den Dingen auf den Grund gehen.

Hannos Entfaltungsmöglichkeit liegt auch im Bereich der Kommunikation, d.h. Gespräche führen, beraten und verhandeln oder sogar verkaufen (Schütze-Jupiter im 3. Haus). Er braucht die Unterhaltung, um ständig neue Eindrücke zu bekommen, um geistig zu expandieren. Allerdings steht Jupiter im Quadrat zu Venus im 12. Haus Waage und in Opposition zu Uranus im 9. Haus Krebs. Hier haben wir ein typisches T-Quadrat in unterschiedlichen Qualitäten mit Venus an der Spitze. Bequemlichkeit und die Neigung zu Eitelkeit machen sich durch Venus und Jupiter bemerkbar: plötzliche, unbeständige Kontakte sowie die Begeisterung für ein Thema oder für Weiterbildung und Interesse an fremden Kulturen werden durch Venus-Uranus angezeigt, wobei sich sehr hohe Ansprüche und Erwartungen und die Neigung, vieles für selbstverständlich zu nehmen, bemerkbar machen. So dürfte sich die anfängliche Begeisterung als Strohfeuer entpuppen. Die Opposition Jupiter-Uranus von Haus 3 zu Haus 9 weist auf Ungeduld, Ruhelosigkeit und unüberlegte Experimente beim Lernen und im Bereich der Kommunikation hin. Möglicherweise sind hohe finanzielle Aufwendungen für die Fortbildung notwendig. Da Hanno mit Jupiter Quadrat Venus vieles für selbstverständlich hält, merkt er vielleicht gar nicht, wenn er andere finanziell ausnutzt. Einerseits zeugt die Jupiter/Uranus-Opposition von großem Idealismus und einem starken, wenn auch nicht realistischen Glauben an die eigenen Ideen und Meinungen („Seifenblasen-Aspekt“), andererseits besagt die starke Besetzung des 1. Quadranten, dass Hanno sehr ich-bezogen ist. Da sich der aufsteigende Mondknoten im 7. Haus Stier und der absteigende im 1. Haus Skorpion befindet, sollte Hanno sich nicht so stark auf sich selbst konzentrieren, sondern solide (Geschäfts-) Verbindungen (Mondknoten Trigon Saturn) aufbauen.

Mit Jupiter Sextil Merkur kann Hanno intuitiv denken, aus Erfahrungen lernen, sich gewandt ausdrücken und ist bereit, andere Menschen zu unterstützen. Mit diesem Aspekt ist eine optimistische Einstellung verbunden. Es besteht die Möglichkeit, dass er über diese Konstellation die Wirkung des T-Quadrats in realistische und konstruktive Bahnen lenkt, indem er seine geistigen Anlagen in den Vordergrund stellt, Informationen oder Wissen weitergibt.

Was ist Hanno zu raten?

Hanno hat durchaus kaufmännische Fähigkeiten (Merkur Sextil Jupiter; Mars und Mond im 2. Haus) doch eine Tätigkeit als Bürokaufmann entspricht nicht seinen Anlagen. Der Beruf des Einzelhandelskaufmanns für Diät- und Reformwaren wäre schon eher vorstellbar, denn Hanno braucht Kontakt zu anderen Menschen und könnte beratend tätig sein. Er könnte selbständig und kommunikativ arbeiten, wobei er sein Einfühlungsvermögen und seine Überzeugungskraft intuitiv einsetzen und sein Wissen oder Informationen weitergeben kann. (Mars Sextil Merkur-Neptun, Mars Trigon Pluto und Jupiter im 3. Haus). Er sollte diese Umschulung auf jeden Fall wahrnehmen.

Aber Hanno kann mit Uranus im 9. Haus als Herrscher des 5. Hauses (Wassermann) und im Sextil zu Saturn in Haus 11 durchaus auch zweigleisig fahren:

Da er seit Jahren Tai-Chi-Lehrer ist, sollte er sich weiterhin intensiv auf die Körperarbeit konzentrieren, um etwas eigenes aufzubauen. Der Bezug zur Gruppenarbeit mit Gleichgesinnten (Saturn in 11) wäre genauso gegeben wie die Möglichkeit zur Kommunikation und die Vermittlung von Wissen bzw. speziellen Fähigkeiten (Jupiter im 3. Haus mit Trigon zu Saturn), an die Hanno mit Begeisterung (Mars und Jupiter in Schütze) herangehen kann.

Hanno hatte sich zur Umschulung zum Diät- und Reformwarenkaufmann entschlossen, konnte diese dann aber nicht wahrnehmen, da er keinen Ausbildungsplatz bekam. So nutzte er die Zeit für ein Praktikum in einem Reformhaus, was ihm sehr gut gefiel. Da Hanno inzwischen 50 Jahre alt ist, hat er sich vorgenommen, verstärkt als Tai-Chi-Lehrer zu arbeiten und sich zusätzlich um Aushilfstätigkeiten zu bemühen, die seinen Anlagen entsprechen, um finanziell unabhängiger zu werden.

Inge: Floristin

Inge lernte Floristin und kam kurz vor der Abschlussprüfung zur Beratung, weil sie „etwas anderes" machen wollte. Ihr schwebte vor, sich umschulen zu lassen oder sich weiterzubilden, denn ihr Beruf füllte sie in dieser Form nicht aus. Außerdem war sie sicher, in ihrer Ausbildungsstätte, einem Blumengeschäft, keine Aufstiegsmöglichkeiten zu haben.

Schritt 1-3: Im Horoskop von Inge stehen jeweils sechs Planeten auf der linken und in der oberen Hälfte, wobei der 4. Quadrant mit fünf Planeten besetzt ist.

Im Element Feuer und in der kardinalen Qualität befinden sich jeweils fünf Planeten, d.h. die männlichen Zeichen enthalten sechs Planeten.

Inge dürfte sich zu einer kontaktfreudigen, selbständigen Persönlichkeit entwickeln, bei der berufliche und persönliche Interessen im Vordergrund stehen. Sie braucht eine aktive, konkrete Tätigkeit, die ihr Abwechslung bietet, und bei der sie „ein Wörtchen mitreden" kann.

Schritt 4: Von den Berufshäusern ist nur das 6. Haus mit Uranus besetzt. Uranus ist Herrscher vom Wassermann-MC. Die Spitze des 2. Hauses fällt in das Zeichen Zwillinge, die des 6. Hauses in das Zeichen Waage. Die Herrscher Merkur

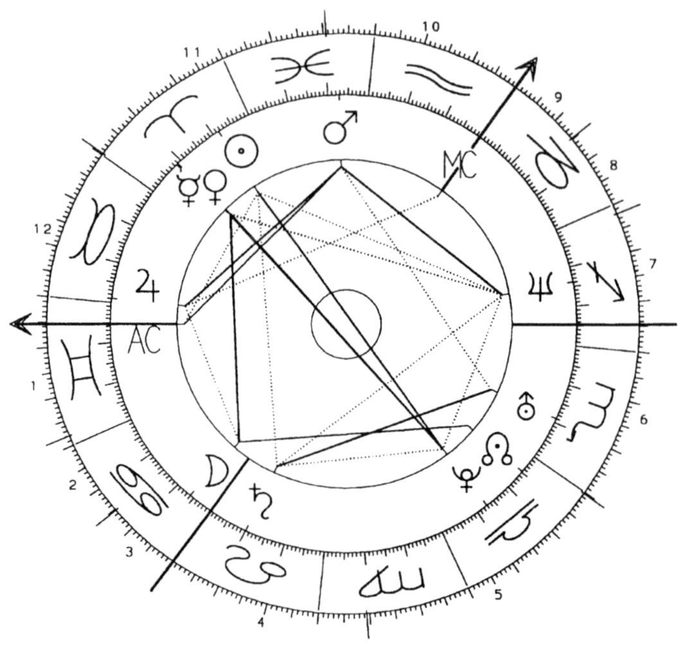

und Venus stehen in Konjunktion im 11. Haus Widder. Hier ist eine praktische und konkrete künstlerisch-manuelle Tätigkeit angezeigt, bei der Inge etwas mit den Händen (Merkur) gestalten kann. Merkur und Venus stehen im Trigon zu Neptun im 7. Haus Schütze und im Quadrat zum Mond im 3. Haus Krebs. Hierdurch ist einerseits Inges lockere Kontaktfreudigkeit und ihr Gespür für andere Menschen (auch Mars in Fische) angezeigt. Andererseits besteht mit Merkur und Venus im Widder mit Quadrat zum Krebs-Mond die Gefahr, dass Inge Schwellenangst vor neuen Situationen hat, sehr empfindlich und leicht verletzbar ist. Auf der Gefühlsebene steht die lebensfrohe, aktive Widder-Venus, die frischfröhlich ans Werk geht, im Widerspruch zu dem empfindsa-

men Krebs-Mond, mit dem sich Inge gern in sich zurückzieht oder abkapselt.
Dennoch kann sie mit Merkur und Venus im Trigon zu Neptun gut auf andere Menschen zugehen und sich einfühlsam auf deren Bedürfnisse oder Wünsche einstellen. Mit Uranus im 6. Haus Skorpion braucht Inge eine abwechslungsreiche Tätigkeit. Sie neigt dazu, ihre Arbeitsstelle oder sogar den Beruf zu wechseln. Auf jeden Fall wird sie sich immer wieder neu orientieren und nicht ihr Leben lang denselben Beruf ausüben. Uranus im Quadrat zu Saturn im 4. Haus Löwe zeigt ein Hin- und Hergezogensein zwischen Traditionellem (Saturn) und Unkonventionellem (Uranus) – Altem und Neuem. Inge könnte ein wenig experimentieren und sowohl als das eine als auch das andere realisieren, wobei das Neue immer auf dem Bewährten basieren sollte.

Sie könnte überholte Arbeitsmethoden verbessern und sich für eine konstruktive Zusammenarbeit mit Gruppen stark machen (Uranus im 6. Haus Trigon Fische-Mars an Spitze 11), wobei sie selbst eine leitende Position einnehmen möchte. Mit dieser Konstellation sind Einfallsreichtum, Originalität und genügend Energie verbunden, um ehrgeizige Ziele auf ungewöhnliche Weise zu verwirklichen.

Aber es besteht auch ein Quincunx zwischen Uranus und Sonne sowie zwischen Mars und Saturn. Dadurch sind Entscheidungsprobleme vorhanden. Inge dürfte verschiedene Ideen haben (Uranus), für die sie sich begeistert. Sie sollte sich auf jeden Fall für eine entscheiden und diese aktiv in die Tat umsetzen.

Schritt 5-6: Mit der Widder-Sonne im 11. Haus und Uranus in 6 Trigon Mars ist Inge nicht sehr geduldig und anpassungsfähig. Sie braucht lockere Kontakte, was auch durch den Zwillinge-AC deutlich wird. Sie möchte etwas zu sagen haben und mitbestimmen – und das dürfte während der Ausbildung etwas schwierig sein. Mit der Widderbetonung besitzt Inge jedoch auch natürliche Führungsqualitäten. Sie weiß, was sie will und kann mit Sonne Trigon Saturn genügend Ausdauer und Durchhaltevermögen entwickeln, um ihre Pläne auf lange Sicht zu realisieren. Allerdings wird sie durch Sonne Opposition Pluto zu Machtkonflikten oder Rivalitäten neigen, wenn sie nicht die Möglichkeit bekommt, eigenständig zu arbeiten. Da Pluto im 5. Haus Waage steht, können enorme schöpferische Kräfte freigesetzt werden, die sich auch auf die Art der Tätigkeit auswirken.

Inge neigt jedoch dazu, spontan die Stelle zu wechseln, wenn sie mit Kollegen oder Vorgesetzten nicht zurecht kommt, oder wenn sie bei der Arbeit zu sehr eingeschränkt wird (Uranus in 6 als Herrscher vom MC). Mit Sonne Trigon Saturn im 4. Haus arbeitet die Zeit für sie. Deshalb sollte sie geduldig und ausdauernd an ihre Vorhaben herangehen, Selbstdisziplin üben und keine voreiligen Entscheidungen treffen.

Mit dem Stier-Jupiter im 12. Haus braucht Inge Sicherheit und genügend Raum und Zeit für Ihre Entfaltung und auch für sich selbst. Mit der Stierfärbung des Jupiter liebt sie die Natur, insbesondere Blumen. Sie dürfte den sogenannten „grünen Daumen“ haben und gut mit Pflanzen umgehen können. Jupiter ist im 12. Haus Stier jedoch nicht aspektiert. Deshalb werden sich diese Eigenschaften erst im Laufe der Zeit deutlicher herauskristallisieren.

Schritt 7: Der aufsteigende Mondknoten befindet sich in Opposition zu Merkur und Venus und im Quadrat zum Mond. Hierdurch ist eine starke gefühlsmäßige Verletzbarkeit und der Wunsch nach Anerkennung angezeigt. Inge sollte etwas kooperativer im Umgang mit Kollegen werden, deren Hilfe schätzen lernen und nicht alles im Alleingang machen wollen.

Sollte Inge umschulen?

Es weisen einige Konstellationen darauf hin, dass Inge den richtigen Beruf gewählt hat (Widderbetonung, Jupiter im Stier). Als Floristin kann sie ihre Fähigkeiten durchaus geschickt und praktisch einsetzen. Sie kann dabei schöpferisch und künstlerisch tätig sein und ihre Ideen manuell umsetzen, wobei sie sicher den Geschmack der Kunden trifft.

Inge möchte sich weiterbilden oder umschulen, aber sie wusste nicht genau, in welche Richtung sie sich orientieren sollte. Eine reine Bürotätigkeit wäre bei ihren Konstellationen nicht empfehlenswert, denn mit der Widderbetonung und Uranus in 6 kann sie nicht den ganzen Tag am Schreibtisch sitzen oder Routinearbeiten ausführen. Eine langwierige Aus- oder Fortbildung entfiele aus diesem Grunde auch. Es käme eine Mischung aus Theorie und Praxis in Frage, denn „der Widder" ist ein Praktiker; ein langes theoretisches Studium wäre eine Strapaze für ihn.

Mit Uranus im 6. Haus im Trigon zu Mars ist u.a. eine Tätigkeit angezeigt, bei der Inge auch am Computer (EDV) arbeiten könnte und sich mit modernster Technik befassen müsste. Es wäre sinnvoll, ihren Beruf als Floristin mit einer abwechslungsreichen Bürotätigkeit zu kombinieren, denn mit dem stark aspektierten Uranus in 6 könnte Inge durchaus zweigleisig fahren, indem sie mal das Eine und mal das Andere macht. Aber sie muss sich entscheiden und für die gewünschte Abwechslung am Arbeitsplatz sorgen (Sonne Quincunx Uranus).

Ich habe Inge von einer Umschulung abgeraten, da sie mir auch bestätigte, dass ihr der Beruf Freude macht, aber sie sich nicht vorstellen könnte, ihn ihr Leben lang in dieser Form auszuüben. Als ich ihr vorschlug, sich in der EDV fortzubilden, Lehrgänge zu besuchen und ganz gezielt einen „Computer-Führerschein" zu machen, hielt sie dies für gut denkbar.

So könnte sie weiterhin in ihrem Beruf arbeiten, Theorie und Praxis verbinden und sich parallel bei anderen Firmen bewerben, in denen ihre Aufstiegschancen größer sind.

Berücksichtigen wir, dass sich nach Placidus Sonne, Merkur und Venus im 12. Haus befinden, könnte Inge auch in einer großen Firma (z.B. im Blumengroßhandel) im Büro eigenständig arbeiten, nachdem sie sich spezielle Fähigkeiten angeeignet hat (Uranus in 6) und gleichzeitig den Kontakt zu ihren Kunden behalten, indem sie als Floristin manuell und kreativ tätig ist.

Jan: Berufssoldat – Architekt

An diesem Beispiel möchte ich deutlich machen, welche Irrwege jemand gehen kann oder muss, um seine berufliche Bestimmung zu finden.

Jan wusste schon sehr früh, was er werden wollte: Berufssoldat. Mit 18 Jahren verließ er das Gymnasium, um endlich zur Bundeswehr zu gehen. Ein halbes Jahr später wurde er nach der zweiten Musterung aufgrund zu schlechter Sehkraft aus der Bundeswehr für immer entlassen. Er durfte seinen „Traumberuf" nicht mehr ausüben und war völlig niedergeschlagen. Als er sich wieder erholt hatte, beschloss er, Theologie zu studieren, verließ seine Heimatstadt und trat in eine Studentenverbindung ein. Nach zwei Semestern stellte er fest, dass man „den Bock zum Gärtner machte". Er brach das Studium ab, ging in die Heimat zurück und immatrikulierte sich nach zahlreichen Überlegungen in einer anderen Stadt für Bauingenieurswesen. Während dieses Studiums kam er zu der Einsicht, dass ihm Architektur besser läge und machte schließlich seinen Abschluss als Diplom-Ingenieur.

Schritt 1-3: Sehen wir uns Jans Horoskop an, finden wir sieben Planeten auf der linken und jeweils fünf in der oberen

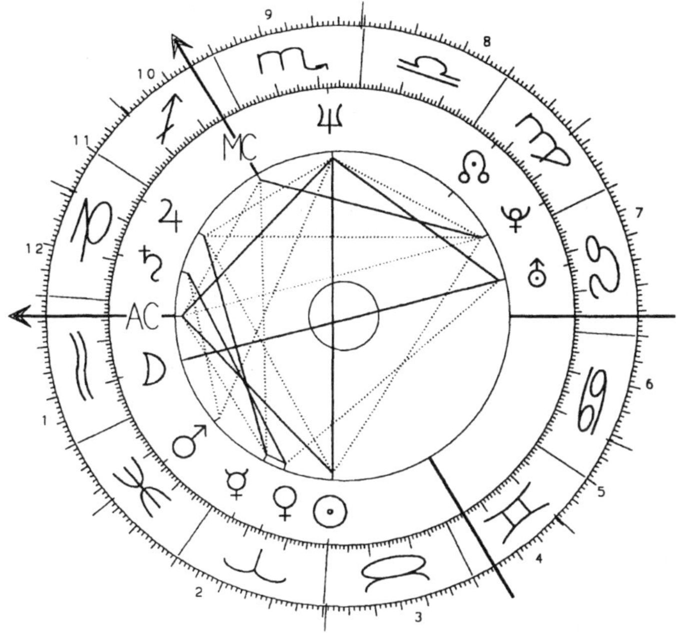

und unteren Hälfte sowie in männlichen und weiblichen Zeichen. Vier Planeten und das MC stehen im Feuerelement, während das Luftelement nur mit dem Wassermann-Mond besetzt ist. In der kardinalen Qualität stehen fünf Planeten.

Jan dürfte eine aktive, temperamentvolle Persönlichkeit sein und gern die Initiative ergreifen. Er will mit dem „Kopf durch die Wand" (Widderbetonung), kann sich nicht gut anpassen (mangelndes Luftelement; Betonung des 1. Quadranten) und lässt sich nichts vorschreiben. Er braucht einen Beruf, in dem er selbständig arbeiten kann.

Schritt 4: Von den Berufshäusern 2, 6 und 10, ist nur Haus 2 mit drei Planeten nämlich Mars sowie Merkur und Venus besetzt. Der Drang nach einem eigenen Einkommen ist sehr ausgeprägt. Jan braucht eine praktische Tätigkeit, bei der ihm niemand hineinredet.

Beginnen wir mit Merkur und Venus, die beide eindeutig im 2. Haus Widder in Konjunktion stehen. Mit seiner entschlossenen, ehrgeizigen und impulsiven Denkweise neigt Jan dazu, voreilige Schlüsse zu ziehen und spontane Entscheidungen zu treffen, bzw. seine Gedanken nicht ganz zu Ende zu führen und alles von einem zu persönlichen Standpunkt aus zu betrachten (Widder-Merkur im 1. Quadranten). Hinzu kommen stürmische Gefühle und Unternehmungsgeist, eine freundliche Art und eine harmonische, aber bestimmte und direkte Ausdrucksweise (Merkur-Venus), die sich in musisch-künstlerischer Begabung (Venus Sextil Mond) zeigen kann. Zu hohe Ansprüche, der Wunsch, zu schnell zu viel erreichen zu wollen und die Neigung, mehr zu versprechen als man halten kann (Widder-Merkur Quadrat Steinbock-Jupiter) dürften die Verwirklichung der Lebenziele erschweren (Jupiter Herr des MC). Der Widder-Merkur hat ein Trigon zum Schütze-MC und ein Sextil zum Wassermann-AC: Mit diesen Konstellationen dürfte es Jan gelingen, sich verbal bei Autoritätspersonen und Vorgesetzten (MC) sowie bei seinen Mitmenschen (AC) in Szene zu setzen und seine Ideen und Vorstellungen trotz der hohen Erwartungen überzeugend darzulegen.

Venus steht an der Spitze von zwei geschlossenen Aspektfiguren, die an dieser Stelle gedeutet werden sollten: Die erste besteht aus Venus Sextil Mond, Venus Trigon Uranus und Mond Opposition Uranus. Neben schöpferischer Phantasie und künstlerischer Begabung (Venus-Mond) sowie Spontaneität und Originalität (Venus-Uranus) machen sich jedoch auch Eigensinn und plötzlicher Stimmungswechsel, mitunter sogar Unberechenbarkeit und nervöse Spannungen (Mond Opposition Uranus) bemerkbar. Allerdings ist mit diesen Konstellationen eine gute Voraussetzung für eine künstlerische Tätigkeit gegeben, die einen originellen und individuellen Stil vermuten lässt, der niemals zur Routine wird, denn mit Mond Opposition Uranus dürfte Jan gegen Routinearbeit rebellieren.

Die zweite geschlossene Aspektfigur setzt sich aus Venus Trigon Uranus, Venus Quadrat Saturn und Saturn Quincunx Uranus zusammen: Jans ungestüme Gefühle (Widder-Venus) werden durch das Quadrat zu dem stark gestellten Saturn im 12. Haus Steinbock immer wieder gebremst. Angst vor Zurückweisung und Enttäuschung und eine daraus resultierende distanzierte Art können die Folge sein. Möglicherweise ist Jan zu kleinlich und zeigt selten seine wahren Gefühle, obwohl er mit Venus Trigon Uranus im 7. Haus Löwe sehr kontaktfreudig und aufgeschlossen ist und ungewöhnliche Menschen anzieht, die Abwechslung und Unruhe in sein Leben bringen. Mit Venus Sextil Mond hat er einen guten Draht zu Frauen. Aber durch Venus Quadrat Saturn dürfte er sich ständig zwischen Optimismus und Abwehr, bzw. Rückzug, Freundlichkeit und Förmlichkeit hin- und hergerissen fühlen. Dennoch verleiht dieser Aspekt technische Fähigkeiten, die für eine künstlerische Tätigkeit vorteilhaft sind. Durch Saturn Quincunx Uranus werden die Entscheidungsschwierigkeiten und Schwankungen noch verstärkt.

Bleiben wir bei Saturn, der ein Sextil zu Mars an der Spitze des 2. Hauses Fische hat. Saturn verleiht dem sensiblen Fische-Mars, der jede Art von offener Konfrontation scheut, Kraft und Ausdauer sowie die Fähigkeit zu harter körperlicher Arbeit. Deshalb kann sich bei Jan eine Neigung zu disziplinierter, verantwortungsvoller praktischer Arbeit zeigen, die in großen Firmen, Institutionen oder in der Abgeschiedenheit verrichtet wird (Saturn in 12). Hier ist auch der Hinweis auf seine Begabung für Architektur gegeben, die eher auf einer soliden Basis und technischem Verständnis als auf originellen Ideen basiert (Saturn Quadrat Venus).

Mit Saturn Quincunx Uranus besteht die Gefahr, dass Jan sich zwischen Altbewährtem und Neuem, Disziplin und Unabhängigkeitsdrang nicht entscheiden kann, bzw. immer einen Kompromiss finden muss (Saturn Quincunx Uranus), was ihm nicht leicht fallen dürfte, da er sehr ungeduldig und eigensinnig sein kann (Wassermann-Mond im 1. Haus in Opposition zu Uranus). Diese Opposition kann durch Venus Sextil Mond und Venus Trigon Uranus mit Charme, Einfühlungsvermögen und Abwechslung etwas gemildert werden.

Da Haus 6 und 10 nicht besetzt sind, untersuchen wir die Spitze des 10. Hauses, das MC Schütze, dessen Herrscher Jupiter ist. Er steht im 11. Haus Steinbock und ist an einem geschlossenen Trigon zu Sonne und Pluto sowie an einer Drachenfigur (Jupiter Sextil Neptun und Neptun Sextil Pluto) beteiligt: Ein starker Glaube, gute Regenerationskraft und Konzentrationsfähigkeit dürften sich durch Jupiter Trigon Pluto in den Erdzeichen bemerkbar machen. Solide schöpferische Kräfte könnten freigesetzt werden, was durch Jupiter Sextil Neptun unterstützt wird: Interesse an Religion und Mystik, Nächstenliebe und Intuition sind hier angezeigt. Jan dürfte stark beeindruckbar sein, Phantasie und Einfühlungsvermögen besitzen, in Glaubensangelegenheiten aber nicht immer den richtigen Durchblick haben (Neptun in 9). Dadurch besteht die Gefahr, dass Jan seine Ausbildung bzw. Weiterbildung aus Unschlüssigkeit oder aufgrund falscher Vorstellungen vernachlässigen könnte.

Jupiter Trigon Sonne weist jedoch daraufhin, dass er begeisterungsfähig ist und aufgrund seiner optimistischen Einstellung immer wieder Glück hat und von anderen Menschen gefördert und unterstützt wird, was auch durch Jupiter im 11. Haus deutlich wird. Persönliche Führungskraft, gute Konzentration, ein starker Wille und die Fähigkeit zur Selbsterneuerung und Wandlung werden durch Sonne Trigon Pluto angezeigt. Hier sehen wir die optimistische Einstellung

(Sonne-Jupiter) und Begeisterungsfähigkeit, die von Jan ausgeht und in Gruppenaktivitäten zum Ausdruck kommt. Da das 11. Haus auch Aufschluss über Wünsche und Hoffnungen gibt, sind diesbezüglich hohe Erwartungen angezeigt. Allerdings schießt der Steinbock-Jupiter nicht übers Ziel hinaus, sondern hält sich eher an Moral, Tradition und Pflichterfüllung.

Jan besitzt einen starken Willen und Führungseigenschaften (Sonne-Pluto). Er möchte Einfluss auf andere Menschen ausüben. Da Pluto ein Quadrat zu seiner MC/IC-Achse bildet, kann es zu Machtkonflikten im Beruf und in der Familie kommen, da Jan dazu neigt, bestehende Situation verändern und Einfluss ausüben zu wollen. Doch er dürfte sich oftmals in Bezug auf seine Weltanschauung und Wertmaßstäbe täuschen, da er sich nicht objektiv einschätzen kann, weil er durch seine Wunsch- und Phantasievorstellungen beeinflusst wird, sich möglicherweise Illusionen macht oder Vorurteile hat und sehr empfindlich ist (Neptun in Haus 9 an der Spitze der Drachenfigur Opposition Sonne).

Schritt 5-7: Bei der Sonne im 3. Haus ist das Streben nach Wissen, Lernen und Kommunikation sowie nach geistigen und praktischen Leistungen ausgeprägt. Neben Geschwistern, Verwandten und Nachbarn spielen kurze Reisen und Besuche für Jan eine wichtige Rolle.

Außerdem stehen Sonne und Neptun im Quadrat auf die AC-DC-Achse: Es dürfte Jan schwer fallen, sich so zu geben wie er wirklich ist. Mitunter könnte er versuchen, Einfluss auf andere auszuüben oder seine Anliegen nicht eindeutig zu artikulieren. Er sollte etwas kompromissbereiter werden und Missverständnisse vermeiden, indem er sich mit Merkur Sextil AC Trigon MC präzise äußert und sich verbal ins rechte Licht setzt. Seine Unverbindlichkeit macht sich auch durch Mond im 1. Haus Wassermann bemerkbar, der einerseits auf intuitives Wissen, Freundlichkeit und ein großes Freiheitsbedürfnis hinweist (Wassermann), andererseits aber eine starke gefühlsmäßige Beeinflussbarkeit, insbesondere in der Kindheit und Jugend sowie mangelnde Ausdauer und Stimmungswechsel anzeigt (1. Haus). Jans Selbstbewusstsein und sein Auftreten dürften von frühkindlichen Erlebnissen und Gefühlen geprägt worden sein. Er braucht immer wieder Zuwendung und Bestätigung. Der Mond als Herrscher vom 6. Haus findet seinen Ausdruck im 1. Haus. Also braucht Jan auch über seine Arbeit Selbstbestätigung und Anerkennung.

Uranus, der Herrscher des Wassermann-AC, steht im Löwe im 7. Haus. In Verbindung mit beruflichen und privaten Partnerschaften könnte Jan plötzliche Veränderungen erleben oder ungewöhnliche Erfahrungen machen. Pluto im 7. Haus Jungfrau kann drastische Veränderungen in diesem Bereich andeuten. Es wäre erforderlich, dass sich Jan um aufbauende Zusammenarbeit bemüht und nicht alles im Alleingang macht. Er dürfte exzentrische und dominante (Geschäfts-)Partner anziehen oder sich selbst bei anderen auf diese Weise durchzusetzen versuchen.

Auch die Mondknotenachse, absteigender Mondknoten im 2. Haus Fische, aufsteigender Mondknoten im 8. Haus Jungfrau, gibt einen Hinweis darauf, dass Jan seine starke Bindung an materielle Dinge, seine hohen Ansprüche und sein Besitzstreben nicht zu sehr in den Vordergrund stellen, sondern ein Gefühl für gemeinsame Werte entwickeln sollte. Er sollte ein gesundes Selbstwertgefühl aufbauen, indem er an sich selbst glaubt, sich nicht von anderen abhängig macht und sich klare Ziele setzt.

Was wäre Jan zu raten gewesen?

Jan braucht einen Beruf, in dem er selbständig mit Engagement und Eigeninitiative arbeiten kann. Persönliche Anerkennung und ein eigenes Einkommen sind für sein Selbstwertgefühl wichtig. Er legt Wert auf materielle Sicherheit und möchte eine einflussreiche Position einnehmen.

Rufen wir uns nun Jans beruflichen Werdegang ins Gedächtnis, können wir sagen, dass die militärische Richtung z.B. an der Widderbetonung zu erkennen wäre, wobei sich durch Sonne Trigon Pluto auch Fanatismus für eine Sache bemerkbar machen könnte, der aber falschen Vorstellungen und Überzeugungen entspringt (Neptun im 9. Haus Opposition Sonne und Sextil Pluto). Da der 1. Quadrant mit fünf Planeten, davon drei im 2. Haus, besetzt ist, lässt sich Jan zwar nicht gern etwas sagen, was durch Pluto in Haus 7 Quadrat MC-IC noch verstärkt wird. Der Mond im 1. Haus Wassermann Opposition Uranus weist auf eine schwierige Kindheit hin. Mit dem geschlossenen Trigon von Sonne, Jupiter und Pluto, die auch an der Drachenfigur beteiltigt sind, unterlag Jan sehr stark dem Einfluss seines Vaters, der als Soldat den Zweiten Weltkrieg erlebte und Vorbild für ihn war.

Sein Theologiestudium mit dem Ziel, Militärpastor zu werden, war eine absolute Fehlentscheidung, obwohl Jans Neigung zu Religion und Glauben erkennbar ist, aber nicht vorrangig beruflich ausgelebt werden muss. Er besitzt Nächstenliebe und möchte Bedürftigen helfen (Jupiter Sextil Neptun und Neptun im 9. Haus), wobei er einen starken Glauben und schöpferische Kräfte entwickeln kann (Jupiter Trigon Pluto). Dennoch hätte ich ihm weder zu der ersten noch zu der zweiten Möglichkeit geraten.

In seinem Horoskop kommen künstlerisch-musische Fähigkeiten (Merkur-Venus im 2. Haus Widder, Venus Sextil Mond) und das Bedürfnis nach Kommunikation (Sonne im 3. Haus, Venus im Trigon zu Uranus im 7. Haus) zum Ausdruck. Jan braucht seine Freiheit, will selbst den Ton angeben und kann sich nicht unterordnen. Insofern braucht er einen Beruf, in dem auch sein origineller bis exzentrischer

Selbstausdruck zum Einsatz kommt. Da er durchaus technisches Verständnis hat (Venus Quadrat Saturn), konstruktiv und ausdauernd arbeiten kann (Mars Sextil Saturn), käme für Jan ein praktischer kreativer Beruf in Frage. Mit der Widder-Venus und der Sonne an der Grenze zum Zeichen Stier besitzt er Formgefühl und könnte mit seiner schöpferischen Phantasie seine Ideen praktisch umsetzen und realisieren, wobei er nicht zu weit von der Norm abweicht (Jupiter im Steinbock). Seine Ideen sind zwar originell (stark aspektierter Uranus als Herrscher des AC), dürften aber nicht zu ausfallend oder „spleenig" sein (Venus Quadrat Saturn). Als Ingenieur oder Archtitekt, bzw. Innenarchitekt ist er absolut geeignet.

Jan verdiente sich während seiner Schul- und Studienzeit als Alleinunterhalter am Keyboard etwas Taschengeld, trat im Karneval mit selbstverfassten originellen Texten als Büttenredner auf und malte in seiner Jugend phantasievolle, aber realistische Bilder. Nach dem Studienabschluss bekam Jan im Alter von 31 Jahren sofort eine Anstellung als Architekt bei einer Behörde (Schütze-MC, Jupiter im 11. Haus Steinbock und Saturn im 12. Haus Steinbock). Er hat einen eigenen Aufgabenbereich, für den er allein verantwortlich ist, unternimmt fast täglich Dienstreisen (Sonne in 3), da er für die Instandhaltung und Restauration aller Kirchen eines Bundeslandes zuständig ist. Er übt diese Tätigkeit seit 7 Jahren aus, hat sich inzwischen ein denkmalgeschütztes Haus gekauft und die Jagd zu seinem Hobby gemacht.

Da sich die Sonne auf 29°59' Widder befindet, ist sie schon von den Stier-Eigenschaften gefärbt. Dadurch ist auch der Hinweis auf das Interesse an Restauration und dem denkmalgeschützten Haus gegeben.

Analysebogen

Analysebogen zum Thema Beruf und Berufung im Horoskop				
1. Besetzung der Hemisphären	obere (Tag-)Hälfte (extravertiert)		linke (östliche) Hälfte (selbständige Arbeit)	
	untere (Nacht-)Hälfte (introvertiert)		rechte (westliche) Hälfte (Teamwork)	
2. Planeten in den Elementen	Feuer	Erde	Luft	Wasser
Polaritäten	Plus (männlich) Feuer + Luft		Minus (weiblich) Erde + Wasser	
3. Planeten in den Qualitäten	kardinal	fix	veränderlich	
4. Die Berufshäuser	Zeichen	Herrscher	Planeten	Aspekte
2. Haus Art des Geldverdienens **6. Haus** Art der Arbeit **10. Haus (MC)** Ansehen und Berufung				
5. Der Aszendent (AC)	Zeichen	Herrscher		Aspekte
6. Die Planeten	Zeichen	Haus	Herrscher	Aspekte
☉ Sonne ☽ Mond ☿ Merkur ♀ Venus ♂ Mars ♃ Jupiter ♄ Sarturn ♅ Uranus ♆ Neptun ♇ Pluto				
7. Die Mondknotenachse	Zeichen	Haus	Herrscher	Aspekte
☊ aufsteigender Mondknoten ☋ absteigender Mondknoten				

Über die Autorin

Beatrix Braukmüller, geboren am 12. August 1958 in Hildesheim um 2:40 Uhr, studierte Kommunikationsgestaltung und Grafik-Design und ist seit 1991 als Diplom- Designerin selbständig. 1985 trat sie in den Deutschen Astrologen-Verband e.V. (DAV) ein und legte 1991 die Verbands-Prüfung ab. Seit 1995 ist sie Leiterin des Astrologie-Zentrums Bremen. Dort führt sie Aus- und Fortbildungs-Seminare für Astrologen durch. Seit über 15 Jahren ist Beatrix Braukmüller als beratende Astrologin tätig. Ihre Schwerpunktthemen sind Lebens- und Berufs-Beratung sowie Partnerschaftsastrologie und deren karmische Aufgaben. 1995 veröffentlichte sie ihr erstes Buch *Merkur – Kommunikation und Intelligenz im Horoskop*.

Sie erreichen die Autorin über folgende Adresse:

Astrologie-Zentrum Bremen
Uhlandstr. 2,
28211 Bremen,
Telefon 0421-70 08 70, Telefax 0421-700 888

Standardwerke der Astrologie

Beatrix Braukmüller

Vererbung von Konstellationen im Horoskop

181 Seiten, Hardcover, 35 Abbildungen
ISBN 978-3-89997-149-1

Alle Eltern/Kind-Beziehungen haben ihrer eigene Problematik, selbst in harmonischen Verhältnissen. Hier stellt sich die Frage: Warum ist das so? Mit dem Horoskop kann man den tieferen Sinn herausfinden. Dabei lässt sich feststellen, dass auch astrologische Konstellationen vererbt werden, denn bestimmte Aspekte im Horoskop der Eltern finden wir auch in den Horoskopen ihrer Kinder wieder. Der Vergleich der gegenseitigen Konstellationen von Eltern und Kind zeigt Ihnen, in welchen Bereichen die Bindung am stärksten ist oder Machtkonflikte auftreten. Ebenso erkennen Sie die Möglichkeiten, so genannte Anknüpfungspunkte finden zu können, um Stresssituationen oder Abhängigkeiten beseitigen.

„Ein in einer anschaulichen, einfühlsamen Sprache geschriebenes Buch, das zeigt, dass es der Autorin auch besonders um Klarheit und folgerichtigen, gut verständlichen Aufbau geht.“

Brigitte Hamann in: Meridian 6-2007

Standardwerke der Astrologie

HOWARD SASPORTAS

Beruf und Berufung im Horoskop

128 Seiten, Hardcover, 6 Abbildungen

ISBN 978-3-89997-138-5

Eine Berufung ist die Verbindung zwischen unserem inneren Selbst und dem, was wir in unserem äußeren Leben tun. Ein Workaholic versucht durch die Arbeit einen Sinn zu finden. Jemand mit einer Berufung jedoch findet eine sinnvolle Arbeit. Viele Menschen gehen teilweise Jobs oder Tätigkeiten nach, um Geld zu verdienen oder um etwas Sicherheit im Leben zu erfahren. Das ist aber nicht unbedingt das, was sie als ihre wirkliche Berufung empfinden. Sasportas zeigt Ihnen, wie Sie im Horoskop Hinweise auf Ihren inneren Ruf aufspüren können und wie Sie dies möglichst positiv in Ihr Leben einbringen können.

„In Bezug auf die Deutung der nicht nur für unsere Karriere (zehntes Haus, Steinbock), sondern auch für unser tägliches Arbeitsleben (sechstes Haus, Jungfrau) bedeutsamen Erdhäuser fügt Sasportas einige bisher wenig beachtete, aber bedeutsame Facetten hinzu."

Peter Schlapp in: Astrologie Heute, Heft 124